天草エアラインの奇跡。

鳥海高太朗

集英社文庫

天草エアラインの奇跡。　目次

天草エアラインの奇跡。

序章　新たなるイルカの翼

２０１５年９月29日。秋の快晴の熊本空港で天草エアラインに新たな１ページが刻まれた。２０１６年２月から導入される新型機ＡＴＲ42－６００型機がフランスのトゥールーズから約１週間をかけて熊本空港に到着、そのお披露目式が行われたのだ。しかしこれは単なる飛行機の納入セレモニーではない。そこには57人の全社員から発された「これからも天草エアラインのイルカの翼は飛び続けます」という強いメッセージが込められていたのだ。

親子イルカがデザインされた真新しい水色の機体前には、地元の関係者、そして熊本空港にキャンパスを持つ崇城《そうじょう》大学（熊本市）のパイロットを目指す学生、そしてさまざまな角度から機体、内装を撮影するメディア関係者で溢《あふ》れている。受付開始時間の２時間前に会場に到着して天草エアラインの社員に挨拶をすると、日頃から運航を支えている社員全員が満面の笑みで迎える。彼らの笑顔を見た瞬間、新型機の導入を決めた前社長の奥島《おくしま》透《とおる》が話していた言葉が思い出された。

「新機体導入が決まり、やっと天草エアラインの経営が安定したことを実感します。それまではいつ倒産してもおかしくありませんでしたから……」

そう、日本一小さい航空会社として知られる天草エアラインだが一時は倒産寸前まで会社の経営は傾いていたのだ。


天草エアラインは、現在使っているボンバルディアDASH8「みぞか号」が2000年3月に就航して以来、たった1機の飛行機で延べ110万人以上が利用している。福岡～天草を1日3往復、天草～熊本～伊丹《いたみ》を1日1往復の1日10フライト。陸路だと不便な天草～福岡間をわずか35分のフライトで行けることから、天草の地元住民をはじめ、天草を仕事で訪れるビジネスパーソン、さらには観光客の利用も多い。しかしリーマンショックでビジネス客が激減した。しかも唯一の機体も就航から15年で老朽化が進んだために新型機の導入が必要になっていた。

だが、万年赤字の第三セクターが自治体からの支援で新型機を購入するというのは並大抵のことではないのだ。会社設立からの生え抜きの社員である川崎は「今の〝みぞか号〟が老朽化や故障で飛べなくなった段階で、会社は運航休止に追い込まれて整理されてしまうのではないか」という危機感を常に持っていた一人。万が一、会社がなくなってしまった時の違う道を模索する社員もいたほどだ。

しかしあることをきっかけに天草エアラインで劇的な社内改革が行われて社員一人ひとりの意識が変わり、天草エアラインの翼を守ろうというチームワークが生まれたのだ。社員全員の表情が変わった。

そのきっかけとは、JALの整備部門の責任者を務めた経験をもつ奥島透の社長就任だった。彼の社内改革により、世界でも珍しいわずか1機の機体だけが商売道具という地域航空会社が蘇《よみがえ》ったのだ。天草エアラインは5年連続で黒字を計上し、その結果として冒頭の新型機ATR購入が地元自治体の議会で承認される。

地元はもちろん日本中のマスコミをまきこんだ日本一小さい航空会社の挑戦。今までは日陰の存在だったこの航空会社が、その躍進で今やテレビ、雑誌、さらには経済誌にまで注目される航空会社に成長していた。これは大金を使ったキャンペーンを打ったからでも、制作費をかけてテレビCMを創ったからもたらされた成長でもない。

では何が天草エアラインの翼を飛ばしたのか？

その物語は2000年から始まる。

第1章　離陸3年目で経営の危機

2000～2009年
常態化した赤字経営

日本初の第三セクター方式エアライン誕生

２０００年3月23日、完成したばかりの熊本県天草空港から満席の乗客を乗せた１機の飛行機が爽やかな春の空へと飛び立った。

航空会社は開港に合わせて熊本県や地元市町村を中心として１９９８年10月12日に設立された日本初の第三セクター方式の航空会社、天草エアライン。座席数39席のボンバルディアＤＡＳＨ８－１０３による天草～福岡線と天草～熊本線の２路線での運航がついにスタートしたのだ。

天草は九州本土と橋で繋《つな》がっている上島《かみしま》と下島《しもしま》を主島とした諸島地域。そのため陸路での所要時間は、福岡から天草五橋を使って約4～5時間、熊本市内からでも2～2時間半もかかってしまう。さらに週末になると橋上の渋滞が当たり前という状況だった。これを変えるために熊本県が立ち上げたのが県内全域に熊本市内から90分で行けるようにする〝90分構想〟。その一環として天草エアラインが生まれた。

県は天草空港を整備する効果として以下の4点を提示している。

1．交流活動圏の拡大

天草空港の開港により阿蘇《あそ》くまもと空港（正式名称「熊本空港」）、福岡空港への所要時間が短縮され、天草と都市圏を結ぶあらゆる場面で地域交流圏を拡大することができる。

2．地域活力の向上

交通アクセスの利便性が向上することで、観光客の増加、企業誘致条件の向上、経済活動の広域化と産品の高付加価値化が可能となるなどの効果が見込まれ、地域活力の向上につながる。

3．緊急時への対応

地域内では対応できない救急医療を必要とする患者の搬送や防災対策等に対応した高速交通手段の確保は必要不可欠である。また、天草空港を阿蘇くまもと空港の補完、中継拠点として利用することで天草地域だけでなく県内全域での防災効果の向上が期待される。

4. 地域生活の改善

陸路による交通ルートが限られているため時期によっては県内随一の渋滞地帯となっているが、空路確保による渋滞緩和が可能となり地域生活が改善する。

(以上、熊本県HPより引用)

天草エアラインに地元の人々が寄せる期待は、交通インフラとしてはもちろん地元経済の起爆剤としても大きかった。実働する社員の多くは2000年3月23日の就航約3ヵ月前の1999年末から2000年1月にかけて入社、約3ヵ月で就航の準備を進めた。求人募集には自分の街の航空会社が生まれるということもあり、予想を超える数の応募者が殺到。たとえば客室乗務員(CA=キャビンアテンダント)の採用試験は熊本市内にある大学の講堂で行われたのだが、わずか3人の募集に対して会場を埋め尽くす1000人以上の応募者が集まった。また、経理や営業といった一般社員にも5人の募集に400人以上の応募が殺到した。このように地元の期待を一身に集める航空会社、それが天草エアラインだったのだ。

整備部門の立ち上げメンバーである江口英孝《ひでたか》は、天草エアラインに入社するまでは熊本空港で自家用機の整備を担当していた。その会社の隣にたまたま天草エアラインの準備室があり、当時の勤務先の社長からの「天草エアラインで働いてみたらどうだ」という勧めで、天草エアライン入社を決意したのだ。

江口は熊本市の出身なのだが「まさか熊本県に日本初の第三セクター方式での航空会社が誕生するとは思っていなかった」と話す。

「入社する時も、この会社は熊本県民の血税を使ってるんだから片手間や中途半端な気持ちでは仕事ができないと思いましたよ。この会社に骨を埋《うず》める覚悟を持たないといけないって」

就航までの3ヵ月間、休めたのは1日か2日だったと話す。活《い》き活《い》きと仕事をするというより必死という感じで、整備マニュアルの準備や飛行機を安全に飛ばすための整備作業に忙殺された。これは他の部署も同様で、絶対に就航日をずらすことができないプレッシャーの中での戦いであった。

グランドスタッフが所属する運送部の濱田雅臣《はまだまさおみ》もまた就航までの寝られない日々が続いた一人だ。濱田は天草の旧本渡《ほんど》市出身（現天草市）で、大学卒業後は住宅メーカーに就職し、東京や名古屋などで営業マンとして働いていた。ある日、濱田の母親が本渡市の広報誌で天草エアラインのグランドスタッフ社員募集を見つけて息子に「受けてみたら？」と連絡したのだ。地元に戻って働けるし面白そうな会社だなと軽い気持ちで応募したところ入社試験を突破、天草エアラインに入社することになった。

いざ仕事が始まるとグランドスタッフのスペシャリストがいなかったので当時のＪＡＳ（日本エアシステム）の規定集を取り寄せて天草エアラインでの地上業務に使えるマニュアルに直していくことから始めなければならなかった。グランドスタッフ未経験者ばかりの社員たちはＪＡＳの教育部門の方から指導を受けながら夜中まで勉強する日々が続いた。しかし誰もそのことに文句を言う社員はいなかった。それぐらい社内には天草エアラインを最高の形でテイクオフさせる熱い闘志がみなぎっていたのだ。

２０００年3月23日。パイロットや客室乗務員、営業、総務などみんなが力を合わせ、無事に天草エアライン初フライトは天草から福岡へ向けて飛び立った。

日本一の搭乗率　天草が空港景気に沸く

天草エアラインが第一歩を踏み出した天草空港だが、じつは建設計画が動き出した１９９８年当時は「税金の無駄遣いではないか」「採算性に問題があるのではないか」と存在価値が疑問視される空港だった。特にその頃、社会への影響力が大きかった「ニュースステーション」（テレビ朝日系列）がその必要性を疑問視する報道をしたこともあり、天草空港を離発着する唯一の航空会社、天草エアラインも絶対に失敗できない状況だった。

しかしその不安は就航してみると嘘《うそ》のように消えていた。

空港開港日には入りきれないほどの人が集まった空港や空港が一望できる公園は、市の内外から人が訪れる天草の新しい観光スポットとなっていた。さらに空港開港に合わせて市内に大型ショッピングセンター（ジャスコ：現イオン）がオープン、近隣からも人が集まった。

天草は空港景気に沸いたのだ。

天草エアラインも就航直後から満席便が相次ぎ、乗りたくても予約が全然取れないという嬉《うれ》しい悲鳴が聞こえてくる。それもそのはず、就航してみると天草エアラインの天草〜福岡線は日本の国内線で最も搭乗率が高い路線になっていたのだ。搭乗率は90％を超え、チケットを手に入れるのも至難の業。初の第三セクター航空会社という物珍しさもあって乗ってみたいという人が多かったのに加えて、天草に建設中だった九州電力苓《れい》北《ほく》発電所の火力発電2号機の工事関係者が毎日のように利用するなどビジネス需要も高かった。インターネット上の掲示板「2ちゃんねる」でも「福岡線いつも切符取れないぞ」とか「日本一の平均搭乗率＝常にお客を逃してる」などと揶揄《やゆ》されたほどだ。

運送部でチェックインカウンターの担当をしていた濱田は「6回分の回数券が飛ぶように売れましたね」と当時を振り返る。特に九州電力の利用が多かったので、あらかじめ同社専用の領収書まで作っておき、金額を入れてハンコを押せばすぐに渡せるように準備していたほどだった。

この時期に最も大変だったのは予約センター。当時の天草エアラインは、インターネットでの予約ができず、旅行代理店もしくは予約センターでの受付となっていた。現在、客室乗務員を束ねる客室部長の太田昌美は、当時は天草エアラインの社員ではなく、派遣社員として予約センター業務を担当。業務は派遣社員3人だけで回さなければならず、基本的には毎日2人体制で予約の電話に対応する。この電話の対応というのが尋常ではなく、たった2人で1日600件の電話に対応しなければならなかった。一人当たり300件という数だ。こんな数を常識的にこなせるわけもなく、会話のほとんどはお客様が乗りたい便は満席ですと案内をして電話を切ることになった。時間にして15秒程度で終わってしまう機械作業だ。

そもそも2人体制という規模だから予約センターの電話にほとんど繋がらない状態で、しまいには会社の代表電話にまで予約の電話が入ってしまう有様。太田は「予約を入力するパソコンを5～6台置いて、電話を切って予約の記録を完了させる前に、次の電話をとって別のパソコンで次の予約の手配をしているほどの状況でした。休む時間もなく一日中働きっぱなし」と当時を振り返る。

天草エアライン創立1年目の天草～福岡線は6万7868人の乗客を集めた。平均搭乗率も80％を超え、この記録は就航15年間の中で最も高い数字である。したがってこの年は単年で営業利益が黒字となり、当初の計画を超える数字を達成したのだ。幸先の良いスタートだった。

運送部の濱田は、就航から2～3年はお客様が多くていつも楽しかったと話す。そしてこの会社が今後もっと成長していくだろうと思わせるエピソードがある。それが天草エアラインへの2号機導入の話である。経営者サイドからの公式発表はなかったが、集客も好調であり、ある役員が「この状態が続けば2機目が天草エアラインにやってくる」と考えているという話を耳にしていたのだ。もし、2機体制になれば路線や便数を拡張することができる。そうなれば会社も活気づき、もっと大きな会社へと成長し続けるという期待があった。

だがそんな夢のような時間は長くは続かなかった。

急降下！　４年目から大幅に搭乗率が減少

日本経済にわずかながら回復の兆しが見えた２００３年。就航4年目を迎えた天草エアラインの乗客数がとつぜん右肩下がりの一途をたどることになる。じつはこの年にそれまで天草エアラインを支えてきた九州電力の発電所工事関係者の利用が発電所の完成によってなくなってしまったのだ。また一時的なブームだった就航景気も終わり、搭乗率も6割を割る水準にまで下がってしまった。

そこで2000年の開業時は天草〜福岡、天草〜熊本の2路線体制だったのを、客単価を上げて利益率を高めるために天草〜熊本線を路線延長する形で、2004年に熊本〜松山線を就航させることになる。当時は、熊本から四国への直行便はなく、一旦福岡へ出てから四国へ飛ぶというのが一般的なルートだった。そのため直行便の就航はビジネス利用者を中心に乗客を集め、60%を超える搭乗率というまずまずの数字を記録する。また、この路線が熊本発着で天草以外へ行く路線だったこともあり、筆頭株主の熊本県にようやく天草以外の熊本県民にもメリットがある航空会社だと認知されるきっかけになったのだ。

この松山線の成功によって、業績は一瞬であるが再び上向きになった。だが、翌年に他の路線との兼ね合いから就航時間を変更したところ、出張に不便な夕方前の時間帯の設定になってしまったために搭乗率が一気に減少してしまう。

逆風ばかりが吹いてくる。天草エアラインは徐々に資本金を減らしていった。

この赤字体質のままでは資金が底をついてしまうという危機感を大きくした筆頭株主

である熊本県はある決断をした。それが民間航空会社からの社長の登用である。それまでの社長は多くの第三セクターと同様に航空ビジネスとは無縁の道を歩いてきた元役人ばかりが就任してきたのだ。彼らは乗客をつかまなければ倒産するしかない市場経済という闘いの場に慣れておらず、いざとなったら県や市が助けてくれるという甘さが抜けなかったのかもしれない。トップに民間出身者を迎えることで現実的な経営をしてもらおうというわけだ。

２００７年、元大手航空会社出身で九州の地域航空会社の役員を務めた人物が天草エアライン４代目の社長として就任した。初の民間出身の社長ということで熊本県はもちろん社員たちも会社が変わるかもしれないという期待をもって彼を迎えた。天草エアラインにとってさらに厳しい時代の幕開けとは知らずに。

彼は社長に就任しても朝礼以外の時間は基本的に社長室にこもりっぱなしだった。社長室といってもオフィスの一角を薄い壁で囲んだもので、隣からは常に社員が仕事をしている音が聞こえてくるような環境。しかし彼には社員とのコミュニケーションを図って全社一丸となって再建に取り組もうという気持ちはなかった。あったのはトップダウン型のコストカットを軸にした会社経営。まさに当時は日産自動車のカルロス・ゴーン社長が見せた徹底的に無駄をカットする合理化経営が脚光を集める時代だったのだ。

新社長のコストカットへのこだわりは尋常ではなかった。すでにこの頃の天草エアラインには無駄な余剰人員はなく、限られた人数でぎりぎりのオペレーションをしていたのだが、社長は「もっと人を減らして人件費を抑制するように」迫ったのだ。当時の運送部長だった濱田は「すでに雑巾を絞りきった状態でこれ以上一滴も絞れないというのに、まだ乾ききっていないと絞らされているようでしたよ」と語る。しかもグランドスタッフの現場を実際に見ることができない社長室の中からの指示なのだから、当然のように社員のモチベーションは下がっていった。

また、安全な運航を守るための整備に対しても口を出してきた。整備の現場に携わったことがないにもかかわらず必要な部品の購入についてコストカットを強いてきたのだ。機体が不具合を起こした際のために準備しておく予備部品は無駄だから減らすようにと。

この門外漢の命令に整備チームは反対した。予備部品があれば機体故障が起きても夜通しの作業で翌朝の運航に間に合わせることができる。しかし予備部品をカットされればトラブルが起きてからの部品調達となり、時間がかかりすぎて運航が大幅に乱れてしまう。他の航空会社ならば別の機体を使って切り抜けることもできるだろう。しかし天草エアラインは1機しか飛行機がないのだから、機体の整備ができなくなった時点で全便が欠航になってしまうのだ。また飛行機には国内で調達できない部品も多く、海外から取り寄せる場合には緊急の輸送コストがかかってしまいさらなるコスト増になってしまう。
しかし、目の前の数字しか見えていない社長は彼らの声に耳を貸さなかったのだ。

社員を苦しめた1機の飛行機で1日7往復14便体制

コストカッターの社長が4代目として就任するまでの天草エアラインは天草〜福岡線3往復、天草〜熊本線1往復、熊本〜松山線を1往復の合計5往復10便体制で運航していた。しかし、社長は1機しかない飛行機を最大限活用することが必要だと1日7往復14便体制にして、輸送力増強を図ることで収益を改善することを社員に提案したのだ。ただし社員の人数は変わらないままで。これではただでさえギリギリの状態で勤務する社員の体への負担は限界を超えることになり、安全な飛行機の運航そのものが危うくなる。社員は全員が社長の提案に反対したのだが、その声は社長室の壁に遮られて届くことはなかった。結局は社長の一存で2007年11月15日より7往復14便体制がスタートする。

社内ではこの1日7往復14便での運航を4－2－1体制と呼んでいた。4は天草〜福岡線を4往復、2は天草〜熊本線を2往復、1は熊本〜松山線を1往復という意味である。限界ギリギリで効率のみを追求する、現在でいうLCC（Low Cost Carrier＝格安航空会社）のような機体運用だ。基本的に飛行機のグランドステイタイム（到着してから次の便が出発するまで）は、大手航空会社の国内線では40～50分程度が一般的だが、ＬＣＣになると30分前後となる。そして４－２－１体制はＬＣＣよりもさらに短く、天草空港では20分、福岡・熊本・松山の各空港では25分の折り返し運航を余儀なくされた。天草空港の空港運用時間は７時40分～20時半までとなっており、13時間弱という時間の中での14便体制は予想通りの過酷さを社員に強いることになり、彼らの顔からは完全に笑顔が消えた。

最初に悲鳴を上げたのがパイロットだった。飛行機が飛んでいる間、パイロットはすべての乗客の命を預かることになる。中でも離陸時と着陸時には全神経を集中させねばならないのだが、視界不良が多いのに自動操縦システムに頼ることができない天草空港ではなおさらだ。しかも離着陸を一度で決められなければ折り返し時間が余計にかかるために終日運航スケジュールを回復することができないまでに詰め込まれたタイムスケジュール。

「常に時間とのプレッシャーだった」

そう話すのはパイロットの谷本真一だ。中でも最もきつかったのが航空業界の常識を超えた１日あたりのフライト回数とフライト時間だったという。

天草エアラインでは、パイロットと客室乗務員は１日あたり２チームの編成だ。３－

1－1の1日5往復10便体制の場合、6フライト後に乗務員が交代して残りの4フライトを乗務する。これは小型機をメインとした地域航空会社で一般的なシフトでもある。しかし便数が4－2－1体制の7往復14便になったにもかかわらず3チーム体制にならなかったため、最初の6フライトで交代していたチームは計8フライトもの乗務になってしまったのだ。大手航空会社では国内線でもパイロットは1日あたり3フライト程度であることを考えると、8フライトで16回の離着陸という任務は素人から見ても限界を超えている。2014年にLCCでパイロット不足による欠航便が相次いだときにも話題となったが、パイロットには国が飛行時間の上限を定めており、その飛行時間は1ヵ月あたり100時間、3ヵ月で270時間、年間で1000時間を超えてはならないという規定がある。当時の天草エアラインのパイロットたちはこの上限ぎりぎりの飛行時間で飛んでいたのだ。離着陸の回数をこなすことは、パイロットの腕を上げる以外には何のメリットもない。ただしそのメリットも乗客の安全と引き換えになるのだが……。

パイロットと同じ、あるいはそれ以上に過酷な業務を強いられたのが整備部門だった。この1日14便体制の時代は飛行機の1時間あたりの着陸回数が世界一になっており、万が一フライトとフライトの間でトラブルが発生すると、折り返し時間の20分では対応することができないために全便の遅延につながってしまう。

また、便数が増えた上に飛行時間が短いということで整備サイクルも自動的に早まることになる。飛行機の核となるエンジンをはじめ、操縦桿《そうじゅうかん》にあるランディングギア、油圧系統、さらに自動操縦装置等も消耗し、これまで以上に交換頻度が高くなる。整備部品の交換においても、限られた時間の中で作業をしていかなければならない状況だった。

さらに整備を苦しめたのが思うように部品の調達ができなかったことだ。たとえば従来よりも性能が良い改良型の部品があり、これを調達すれば整備作業が減るなど効率的な効果が大きいから導入してほしいと申請をする。しかし歴代の社長は「お金がない」というひと言で購入を認めようとしなかった。整備部の中でも、購入する部品を徹底的に精査した上で、予防的な処置も含めて調達を申請していたのに……。

そんな中でも彼らは安全運航という使命のために全力で整備に取り組んできたのだが、ついに2008年に2度のエンジントラブルを起こすなど、欠航便が相次いでしまう。定時運航が当たり前でなければいけない地域航空会社なのに、2008年の就航率(飛行機が遅延があっても運航した率)は94・9%と95%以下、つまり20便に1便が欠航するという異常事態になっていたのだ。

そうなると遅延や欠航時の利用客への対応でグランドスタッフが忙殺されるのは容易

に想像がつく。グランドスタッフを束ねる運送部の濱田雅臣は当時を振り返る。

「本当はやりたくない仕事なのですが、あの頃は業務のメインが欠航対応でした。天候ではなく機体整備や故障等による欠航の場合には、熊本もしくは福岡までの代替バスの手配が必要となる場合もあります。天候による欠航であればお客様にもある程度理解してもらえるのですが、機体整備などあくまでも会社都合による欠航に対してはお客様の目も厳しいですよ。カウンターでお客様から怒鳴られたことも数え切れません」

ここまで遅延や欠航時の業務を苦しくした大きい理由が、社内システムのＩＴ化が遅れていたことだ。２０００年以降、大手航空会社の飛行機チケットは電子チケット（ｅチケット）化されるなどのＩＴ化が進んでいた。特に国内線においてはインターネット上で航空券を購入して事前に座席指定を済ませておくと空港でのチェックインが不要となり、預ける手荷物がなければそのまま保安検査場にいってマイレージカードもしくは携帯電話を機械にかざせば飛行機に乗れてしまうという利便性を実現していた。

だが２００８年においても天草エアラインはネットでの購入ができず、予約センターなどで購入。渡される航空券はなんと手書きタイプのものだった。他の航空会社と比べても20～30年遅れている状況にあり、欠航した際の航空券の処理もすべて手作業。さらに経費削減のために手書きタイプの紙の質も年々薄くなっていた。

手書きだから当然機械処理ができないため、払い戻しや便の変更、乗り継ぎ便の手配などに時間を要することになる。だから欠航になるたびに天草エアラインのチェックインカウンターには長蛇の列ができていた。頻繁に欠航していたこともあり、その光景は日常的で当たり前のものになっていて、対応する運送部の社員は疲弊の色を隠せなかった。

当時の天草～福岡、天草～熊本、熊本～松山の3路線すべてが天草エアラインの単独路線であり、かつ天草空港には天草エアラインしか就航をしていない。主要路線であれば仮に欠航した場合でも自社の後続便もしくは同じ路線を飛ぶ他の航空会社の便に変更することができるが、天草エアラインでは、単独路線であることから他の航空会社による振替が不可能なのだ。したがって欠航の場合は乗客を陸路により移送することとなる。

しかしこの陸路にかかる時間が問題だった。メイン路線である福岡～天草の場合、飛行機なら35分のところを、陸路になると4～5時間もかかってしまうのだ。天草空港で機体トラブルによる欠航が決まったが、どうしてもその日のうちに東京に戻らなければならない人は、振替バスを待たずにタクシーで熊本空港を目指すことも多い。天草空港で毎日乗客を待っているタクシー運転手は「欠航してタクシーで熊本空港へ向かう人からは天草エアラインへの愚痴をたっぷり聞かされるよ」と苦笑する。こんな状況では当時の天草エアライン利用客の中心だった出張で利用するビジネスパーソンたちが、限られた時間を無駄にしないために欠航の危険が高い天草エアラインを避けるようになったのも仕方がないだろう。

ＬＣＣで成功しているピーチ・アビエーションの井上慎一ＣＥＯは「ちゃんと飛ばすこと」を最重要課題として掲げている。どんなにサービスが良くて快適であっても、公共交通機関としてスケジュール通りに目的地に飛行機がちゃんと到着することを顧客は何よりも求めているということだ。国内ＬＣＣ元年となった２０１２年には、ピーチ以外に成田空港を拠点とするジェットスター・ジャパンとエアアジア・ジャパン（現バニラ・エア）も就航したが、空港混雑やオペレーションの効率化ができず就航初日から遅延や欠航が相次いだ。結果、マスコミを通じて「ＬＣＣは遅延や欠航が多い」というイメージができあがってしまい、利用者が伸び悩んだという経緯がある。ピーチは飛行機の遅れの指標となる定時出発率の向上へ向けて努力した結果、搭乗率もアップし、ようやく収益が出せる構造になったのだ。

この「ちゃんと飛ばすこと」を理解していなかった当時の天草エアラインは、便を増やせば乗客も増えるという単純計算から始まった14便体制という無理な運航を続けることで飛行機の遅れや欠航と共に客からの信頼をさらに失っていったのだ。

天草エアラインは収益だけでなく社内の士気もどん底にまで落ちていた。

便数が多くて業務がきつくても、乗客がいつも満席近く乗っていたならば社員一丸となって頑張っていこうという気持ちにもなる。しかし単純に便数のみを増やしたために搭乗率はさらなる下降を続け、天草～熊本線、熊本～松山線の搭乗率は30～40％までに下落、39人乗りの飛行機には乗客が10～15人しか乗っていないことも珍しくなくなっていたのだ。

パイロットの谷本は当時を振り返る。

「あの頃は操縦桿が軽かったんですよ。離陸する時、機体の重量によって滑走路を走る距離というのが変わるんですが、乗客が少ない場合には短い距離ですぐに離陸できてしまう。離陸すると操縦桿を体に寄せて機体を上昇させるんですが、このときの操縦桿も軽いんですよ。乗客があまり乗っていないのを体で感じるというか……。この会社は本当に大丈夫なのだろうかという心配な気持ちでのフライトが続きましたね」

債務超過寸前　倒産は時間の問題に……

この頃の社内の雰囲気は天草エアラインの創立から15年間で最悪だったとほぼ全員の社員が振り返る。部署間の横のつながりがあまりなく、社長が社長室に入ったきりで何を考え何をしようとしているのかが全くわからない。社長室から出てきたと思ったら、社員総出で経費削減・業務の効率化をしてきているにもかかわらず、ビジネス評論家のように「経費削減しなくてはならない、人をもっと減らすべきだ！」と叫ぶばかり。現場の努力を見ようともせずに……。

こんな職場環境で若手社員に愛社精神が育つわけもなく、会社が忘年会などを企画しても参加するのはいつも決まったメンバーばかりだった。それでも会社に一体感を持たせようと頑張っている初期メンバーの社員は若手を忘年会などの会合に誘うのだが、強要するわけにもいかないから社内イベント自体が縮小されていった。

そうなると社員から会社をよくする面白いアイデアなど出るはずがない。ある社員は「会社全体に私語禁止の雰囲気があって、緊張で張り詰めている状態の中での業務でした」と話す。

会議などで何かを発言しようとしても、言葉を選んでしまい、活発な議論とは程遠い状況。1年間の業務が終わり、年末の社員へ向けた社員代表からの挨拶にも「今年も無事故で1年間を終えることができてありがとう。今年1年会社にとって厳しい年でしたが、来年も厳しい1年になります……」と暗い気持ちを吐き出すような言葉が並んでいた。

当時客室部の主任だった前出の太田は予約センター時代から合わせると計15年の勤務

になるが、２００７年・２００８年が今までの会社人生の中で唯一辞めたいと思った時だったと振り返る。

距離としてはすぐ近くにいながらも社長室の中の社長との会話はまったくない毎日。この状況はおかしいと感じた彼女は、客室部における問題と課題について社長に直訴することを決心して社長室へ向かった。太田としては不満を社長に伝えるのではなく、現状を理解してもらいたいというそれだけの思いからの行動だった。しかし社長は彼女の言葉を「単なる不満だ、部下から不満が出たら上なら上らしい態度で接しろ」と一蹴する。そして新しい改善策に対しても「客室乗務員は客室乗務員の仕事だけをしていればいい」と言ってまったく相手にしなかった。

この時に太田は「この社長では会社が良くなることはない」と確信、一時は退社を決意したのだ。一緒に入った同期から考え直すように説得されてこの時は踏みとどまったが、この社長の下では私がいくら努力しても認められることはないのだという思いとともに時間だけが経過していった。

この頃、天草エアラインの経理を担当する総務部長の柴木《しばき》栄子は、資本金がどんどん減っている状況を目の前で見ていた。毎年のように会社の定期預金を解約してさまざまな支払いに充てることで何とかこの航空会社は生き延びていたのだ。各部署が経費を削減しているのはわかっている。しかし予算がないのだから人件費を増やして社員の数を増やすことはできない。社員の誰もが苦しんでいることがわかっているだけに辛《つら》い立場に立たされる日々が続いた。

人件費と同じく捻出するのが大変だったのが高騰する燃料費と整備費だった。飛行機を飛ばすために必要な航空機燃料の価格が年々上昇し、すでに企業努力だけでは補えない水準になっていた。大手航空会社は国際線を中心に燃油サーチャージ（燃油特別付加運賃）を設定していたが、地元の足であることが第一前提である地域航空会社としてはなかなか運賃の値上げに踏み切ることができない。このことも会社の経営を圧迫させる要因のひとつとなっていた。

そして整備費の問題も会社を苦しめる。

整備費以外の費用に関しては、ある程度の精度で年間に必要な金額をはじき出すことができる。だが整備においては、通常の整備作業に加えて飛行機が突然不具合になった時の部品調達、場合によってはエンジンを買わなければならない事態も発生するのだから話が別だ。飛行機の部品は決して安くない。しかも不具合が発生した際には飛行機を直さなければ飛ばすことさえできないために収入がゼロになる。機体年数が経過すればするほどそうしたリスクが上がるので整備費も同じように上がっていくのだ。

こうしたさまざまな赤字要因が天草エアラインにのしかかり、２００７年にはいよいよ命綱の資金も底をつき、債務超過寸前の状況になっていた。

それに追い打ちをかけるようにエンジントラブルも相次いだ。撤退することになった熊本～松山線の運航最終日の松山空港で、現営業部長の川崎は「もう会社が終わるかもしれない」という覚悟をしたという。松山線を撤退して新たに熊本～神戸線を就航させることになったので、それまでお世話になった松山の関係者への挨拶回りをして松山便のラストフライトに搭乗する予定だったのだが、会社から一本の電話が入る。それが「エンジンにトラブルが発生して、飛ばすことができない」という知らせだった。仮にエンジンを全交換することになれば債務超過寸前の会社の資金は間違いなく吹っ飛ぶ。その時に彼は思ったのだ、「もうこの会社は終わってしまう……」と。

幸いにもエンジン交換という最悪の事態は免れたものの、この状態が続けば会社は倒産してしまうという不安が消えてはいない。

倒産は時間の問題だった。

倒産直前で安全のために行政が整備費を補助

しかし天草エアラインは倒産しなかった。このまま天草エアラインが消えることは天草市民のために株主となり天草空港と同社に割いてきた多額の予算がすべて無駄金となることだ。そんなことは県民や市民の手前、熊本県と天草市もできなかったのだろう。資金が底をつきかけた２００７年、ギリギリのところで行政が動いたのだ。

熊本県の平成19年度実施計画（アクションプラン）において天草エアラインに関して、関与の見直しなどの方針が提示され、地方自治法による監査があった。特に資金繰りに関しては、期末現預金残高で見ると２００３年に3億円を超えていたのが、２００７年に６０００万円程度にまで減らしていた。年平均で６０００万円以上も減っていることになる。監査の分析には「営業状況が低迷していることが最大の原因であるが、その他にも突発的な整備・運休の発生、乗務員の退職に伴う想定外の新規採用及び訓練費用の増加等が原因としてあげられる」と記されている。

監査の総括として、「会社の財務状況を検討した結果、天草エアラインの財政状態は債務超過寸前に陥っている。また、当初想定した以上の整備費及び、燃料費の高騰などにより支出の増加、さらに路線の利用率の低下による収入の減少から業績は低迷し、運営資金の確保においても厳しい状態が続いており、今後も改善の見通しが立たない状況である。財政状態の改善のためには減増資を含めた資本増強策の検討、資金面については会社の自助努力による収益・費用の改善計画と、当面の運営資金に対する自治体からの支援も検討する必要がある」と示し、これを受けて熊本県が動いたのだ。それが天草エアラインに整備費の補助をするという案である。どうしても1機の飛行機だけで利益を出していくことには限界があるのだが、そのぎりぎりの状況で整備費だけでも補助してもらえることは「安全運航」にも繋がる。県議会での承認を経て、２００９年から整備費の補助が始まったのだ。

重々しかった社内の空気は整備費の補助が決まった知らせで明るさを取り戻した。そして社員たちにとって明るい知らせはそれだけではなかった。コストカットしか言わない社長が退任するというのだ。

しかし新しい社長は今の社長以上のコストカッターかもしれないし、誰の声にも耳を傾けないワンマンかもしれない……。

社員たちは期待と不安の中で新社長を迎えることになる。

第2章　新社長、天草エアラインを変える

2009年〜

「社長室はいりません。いますぐ壁を壊してください」

誰もが辞退した赤字会社の社長に就任

赤字経営を切り抜けるための徹底したコストカットが行われた天草エアラインはボロボロだった。パイロットから整備、営業まですべての社員が体力的にも精神的にもギリギリの努力を続けていたのだが、社長が示す目標は飛行機を時間通り安全に「ちゃんと飛ばすこと」ではなく、ただひたすらコストカットのみだった。そのことが社員たちのやる気をますます奪っていく。だから魅力的な空の旅を乗客に提供できない……まさに負のスパイラルだ。

この事態に第三セクターである天草エアラインの筆頭株主、熊本県が動いた。まずは安全運航のために整備費だけは負担することを発表し、会社を抜本的に立て直してくれる社長の人選を進めたのだ。

何人もの候補者への打診と、やんわりとした断りを受ける日々が続いた。資金が底をつきつつある地域航空会社の社長就任を快く引き受ける人間など簡単には見つからなかった。

しかし、いたのだ。それまでのどん底の経営状態を見た上で「私が社長をやりましょう」と立ち上がった男が。

それが2009年に天草エアラインの社長として就任した、JALの整備部門出身の奥島透だった。

赤字企業の社長になるということは、まさにマイナスからのスタートとなる。

にもかかわらずなぜ彼は立ち上がったのか？　その経緯をたどってみる。

世の中には第三セクターの会社が数多くあるが、そのほとんどは天下りも含めて定年退職後の再就職先として役所出身の人物が社長に収まることが多く、改革をするよりは、社長の任期内に業績を悪化させずに過ごして給与をもらい、退職金をもらって次の社長にバトンタッチするというケースが不思議にまかり通っている世界だった。しかし倒産寸前にまで追い詰められていた天草エアラインの社長オファーは様子が違った。向かうのは本当に崖っぷちの状況にある飛行機1機という地域航空会社。前任の社長では会社を立て直すことができず、2008年に最大の出資者である熊本県の監査が入って会社の先行きに関する厳しい意見が出されるまでに切迫した状況だった。県議会でも天草エアラインを存続させる意義、本当に熊本県民にとって必要な航空会社なのかどうかが問われていた時期でもあり、この航空会社の社長を引き受けることは、まさに沈みかけた船の船長になることに等しかったのだ。

そんなある日、ＪＡＬ時代の先輩から奥島に一本の電話がかかってくる。

「熊本県庁の人が天草エアラインの社長を探していて、奥島を推薦したいのだが」

突然の社長オファーに奥島は、自分よりも相応《ふさわ》しい人物がいるだろうと何人か他の人の名前を挙げたが、そうした人たちには業績の悪い会社ということを理由にすでに断られていたという。当然だろう。航空会社の経営状態が掲載されている「航空便覧」を見たところ、経営はまさに右肩下がりで状況がどん底なのがはっきりしているのだから。

だがこの「どん底」ということが奥島の心に火をつけた。

「こんなに経営状態が悪いということは、逆に、これ以上落ちることもないだろう」

奥島はいばらの道を覚悟して5代目社長を引き受けることを決心した。


奥島は整備畑の出身ではあったが、整備のことしかわからない男ではなかった。

まず1998年から2000年までＪＡＬ熊本支店長として熊本に赴任していたこともあり、熊本に馴染《なじ》みがあった。地域航空会社なのだから現地に馴染みがある人物が社長に相応しいことは言うまでもない。

さらに熊本支店長になる前の5年間、ＪＡＬが1990年代にリゾート路線を中心に、人件費が安いタイ人客室乗務員を積極的に採用した「ＪＡＬウェイズ」でも業務部長、企画部長、営業部長として仕事をしていたのだ。つまり出身である整備だけでなく、営業、総務、人事についても現場に立って力をつけていた。まさに熊本県の中小企業である天草エアライン社長になるのに相応しい男だった。

もっともそうした知識や経験だけで天草エアラインを再建できるのかどうかは誰にもわからない。しかし社長になることを決断した以上、もう後戻りはできなかった。

「社長室の壁を取っ払おう！」

２００９年６月26日。奥島は満を持して天草の地を踏み、天草エアラインの社長に就任する。初めて民間から登用された前社長はわずか2年で交代。ころころと代わり続ける社長と地元出身の社員の間には大きな壁があり、社員が社長を信頼しないことが社風にすらなっていた。

実際、奥島が社長に就任した際も社員が自分を信頼していないことが空気でわかった。社員の多くから、どうせこれまでの社長と一緒だろうと思われていたのだ。つまりよそ者扱いされていたということ。

客室乗務員の太田昌美も、最初は奥島のことを「気むずかしいおっさん」だと思ったそうだ。

「今だから言えますけど、この新社長もどうせ私たち社員の気持ちなんかわからないだろう、天草エアラインのことなんか本気では考えてなくて、きっと2～3年、お遊び気分で天草に来たんだろうと考えてましたね」

就任1週間、奥島は自治体や商工会、観光協会などの関係各所への挨拶回りで忙殺されてしまい会社にいる時間がほとんどとれなかった。しかし一通り社外の人たちへの挨拶が終わり、あらためて社長席から社内の雰囲気を見た時に、ある決断を社員に指示したのだ。

「社長室の壁を取っ払って下さい！」

それまでの社長は県から来た役人が中心で、役所でも個室を持っていたような役職の人ばかり。会社にいても社長室のような個室に閉じこもっていることが多かった。しかしそれでは社員が何をしているのかも把握できず、社長と社員の距離感ができてしまう。それに気づいた奥島は、まずは社長室の壁を打ち壊してほしいと社員への最初の指示を下したのだ。何年間もそこにあった社長室の壁は思いのほか頑丈に作られていて、本来であれば業者を呼ぶくらいの作業だった。しかし奥島の言葉に現営業部長の川崎を含む男性社員3人が立ち上がった。

「壁は取っ払おうと思いましたよ。事務所も広くなりますしね（笑）。壁がなくなることで何か変わってくれればとも思いました」（川崎）

男性社員3人が翌朝から半日をかけて、必死になって社長室の壁を壊している姿を見ていた奥島は「私の考えに賛同してくれる社員たちがいるんだなぁ」と思い、この会社だったら立て直すことができるかもしれないと直感していた。

次に奥島がやったことは、各部門ごとに飲み会を開くことだ。しかも会社の経費（交際費）を使うのではなく、自分のポケットマネーで。何夜にもわたった飲み会の費用は合計で十数万円にもなった。

飲み会の意図は、社員の本音を聞き出すというもの。そして社員の側にとっては自分たちがどんな人間なのかを社長にわかってもらう機会でもあった。

整備、総務・営業、客室、乗員、運送と飲み会は5日間にもわたった。その席がはじまると奥島はまず最初に「会社に対して好き勝手なことを言え！」と言った。今までの社長の多くは、自分のやり方を社員に押しつける人ばかり、社員の声にはあまり耳を傾けようとしなかったので、こんな言葉が最初に社長から出たこと自体が意外だった。どうしても第三セクターの社長には、内部昇格ではなくて県や民間企業で一定の地位になった人物が天下りしてくるケースが多い。そのため、どうしても社員を下に見てしまうところがある。しかし奥島は違った。「この50人足らずの中小企業は全員がアイデアマンになってもらわないとならない」と直感していたのだ。全員野球でないと会社は変わらないという考えだ。そのためには社員一人ひとりが天草エアラインのことを自分の問題として本気で取り組むような社風でなくてはならない。上から目線で社員に接する社長には持ち得ない発想だった。

こうした奥島の姿に触れるにつれて、少しずつ社員は心を開き始めた。それぞれの飲み会の最後、必ず奥島はこんなことを社員に対して話したという。

「知恵と努力で仕事はできる」

そして各部門ごとに新しいアイデアを早急に出すように言ったのだ。

ＪＡＬウェイズで学んだ自由なアイデアを出せる社風

奥島の性格は、ひと言で言えば「とにかくしつこい」。

飲み会で出すように言ったアイデアがなかなか出てこない社員には「アイデアは出たのか？」と顔を見るたびに言い続けた。酒の席で言われたことだからと軽く考えていた社員たちも、ついに根負けして次々に新しいアイデアを出し始めた。そのアイデアについては後述するが、このようなやりとりは天草エアラインを社員がアイデアを出しやすい社風にしたという点で何よりも意義が大きかった。

これには奥島がかつてＪＡＬが設立した国際線のリゾート路線（ホノルル、バリ島、バンコクなど）専門で、本体よりコストを抑えて運航する航空会社のＪＡＬウェイズ（現在はＪＡＬに吸収合併）に出向していた経験が活かされていた。リゾート路線なのにＪＡＬやＡＮＡなどと同じことをしているようでは駄目だから独自のアイデアを出す航空会社を目指そうと考えたのだ。この戦略に当時のＪＡＬウェイズ役員も賛同し、奥島を自由に動かせてくれたことがやる気につながったと振り返る。

「自分にすべてを任せてくれる上司の言葉が大きかった。上司に対して自由に意見を言うことができる環境だったからこそ新しいアイデアを生み出せたんですよ」（奥島）

ＪＡＬウェイズは、タイの一般的なＯＬに比べると高給取りだが年収１００万円程度で採用できるタイ人客室乗務員がメイン。一定の数だけ契約社員として採用していた日本人客室乗務員は、本体のＪＡＬや他の大手航空会社の正社員に比べると賃金は抑えられていた。３年間の契約期間を経た客室乗務員の中から優秀なスタッフは正社員として再雇用して、タイ人客室乗務員の教育係にするなど給料面で安くてもやりがいのある職場にすることで会社全体を活性化させることに成功したのだ。

また、ＪＡＬウェイズが運航するホノルル線には当時ファーストクラスが設定されており、そのサービスには経験豊富な日本人客室乗務員が必要だった。そこで考えだされたのがＯＧの再雇用。結婚や出産などで退職した元客室乗務員をあらためて契約社員として採用したのだ。夫の扶養家族の範囲内となる年収１０８万円以下での勤務ができるように、月にホノルル1往復、バンコク1往復といった働き方を可能にしたのだ。このことは子育てをしながら月に1週間程度だけ飛ぶというワークスタイルも確立した。これは会社にとっては熟練のサービスを乗客に提供でき、客室乗務員にとっても子育ての間も続けたかった客室乗務員の仕事ができるという、まさにＷＩＮ‐ＷＩＮの関係だった。

さらにリゾート路線が中心ということで、機内での時間を少しでも楽しんでもらうべく、社員のアイデアで機内ビンゴ大会を開催したところ、これが大成功。乗客たちは空の移動時間にもリゾート気分を満喫することができたのだ。

これらはまさに自由なアイデアを出せる環境が生み出した産物。奥島はこのようなアイデア溢れる環境を天草エアラインにも持ち込みたいと考えていた。

自らが動くことで社員からの信頼を得る

そもそも奥島はそれまで天草エアラインにやってきた社長とはまったく違うタイプの社長だった。航空業界とは縁のなかった天下り社長と違うことはもちろん、なによりも違うのは社員の仕事に口を出すだけでなく、自らが行動するということだ。

それを示すのが就任して早々のエピソードだ。福岡から戻って天草空港に駐機していた飛行機に、おもむろに乗り込んできた奥島が自ら機内清掃を手伝い始めたのだ。そのことを奥島は「少ない人数で、かつ限られた折り返しの短時間の中で手が空いてる人が手伝うのは自然だった」と、なぜそんなことを聞くのか不思議がるように当時を振り返って答える。だけど社長が座席のヘッドカバーを直し、さらにはコロコロを持って床を掃除して次の便が定刻に出発できるように掃除を手伝うというのは、他の航空会社ではありえない光景だろう。

しかし奥島の行動は機内清掃だけに留《とど》まらなかった。到着した飛行機の預け手荷物の積み下ろし、さらには保安検査場の検査（天草エアラインでは保安検査も業者に委託するのではなく、自社で行っている）までも手伝うようになったのだ。これが天草エアラインの活力を生み出す「マルチタスク」という考え方の始まりだった。マルチタスクとはコンピューター用語で1台のパソコンで複数のソフトを動かすということ。これを業務に置き換えると、自分に割り当てられたメインの業務をしながら、余裕があれば手薄になっている業務を手伝うことで業務全体の効率をあげるということである。中小企業というのは余剰人員を抱えるほどの余裕はまったくない。常に人が足りない状態から、あらゆる業務を手伝いあうマルチタスク、しかも社長を含めた役員も一緒になって業務をサポートすることで、人が足りない時でも業務を滞らせないことを可能にしたのだ。

社長が椅子に座って偉そうにしていて組織が回るのは大企業だけの話。中小企業の社長はのんびり椅子に座っていては駄目なのだ。

この体制にはもうひとつのメリットがあった。社長が社員と同じ業務をすることによって、社長にも現場の気持ちがわかるようになるのだ。したがって業務上での課題を互いに共有することができ、問題解決のプロセスも迅速化される。社長が自分たちと同じ仕事をして汗を流している姿は社員のモチベーションをアップさせ、いつの間にか社員自身も自分の会社に誇りを持って、社長と同じ立場から会社のことを真剣に考える一体感が生まれ始めていたのだ。

この社員と社長が一緒になって会社のことを考える社風は、パイロットたちにも広がっていた。

それを象徴するこんなエピソードがある。ある日、若いキャプテンが会社を辞めたいと言いだした。航空大学校を卒業してパイロットの免許を取って天草エアラインに就職して空を飛んでいたのだが、もっと大きな飛行機を操縦してみたいから他の航空会社に移りたいという申し出があったのだ。

小型機に乗っているパイロットがより大きい飛行機に憧れるのは当然のことであり、その夢を奥島は応援したいからこそ退社を了承した。しかし同時にこう言って頭を下げたのだ。

「転職するのはいいし応援もしている。だけどこの会社はギリギリの人員でやっていることはわかってくれると思う。だから、次のパイロットの養成が終わるまでは会社を辞めるのを待ってくれないか」

するとは快く奥島の言葉を受け入れて新しく入社するパイロットが定期便で飛べるようになるまでの1年間を待ってくれたのだ。天草エアラインの運航に支障をきたさないためだけに。

会社に愛着のない社員であれば、自分の夢を優先させ、すぐに退職して次のステップに進むところだが、1年待ってくれた理由はまさに社員と社長の人間関係ができていたことがすべてだった。そのおかげで定期便のフライトに穴を空けずに済み、これが前例となり他のパイロットたちにも辞める時のあり方として受け継がれているのだ。社員が社長を信頼するまでの時間はかけなくてはならないが、本当の信頼を得られれば最後まででしっかりついてきてくれる。そう改めて確信した奥島だった。

天草エアラインの翼が向かう先に晴天が広がり始めていた。

人に対して偉ぶったりしない中小企業のトップのあり方。それを奥島が学んだのはまだ30代前半の頃、ＪＡＬの整備工場で設備関連の業務をしている時だった。ある日、整備工場で使う作業台を発注するにあたり、打ち合わせのために滋賀県にある作業台を製造する会社を訪れた際、タクシーで会社に到着して事務所に向かう途中に熱心に隅々まで掃き掃除をしているおじさんがいた。気に留めるでもなくその脇を抜けて事務所の中で工場の社長を待っていると、さっき工場の前で掃き掃除をしていたおじさんが入ってくる。訝《いぶか》しく感じながらいちおう名刺交換をすると、なんと彼は工場の社長だったのだ。

この時に奥島は「これが中小企業の社長のあるべき姿なのだ」と感じたという。

当時は自分が中小企業の社長になるとは思っていなかった奥島にとっても、それは衝撃的な出来事だったのだ。そしてこの出来事が、天草エアラインの社長になった時の礎《いしずえ》となった。誰よりも早く会社に出勤し、事務所のテーブルを拭くなど社員が働きやすいように黙々と体を動かした。そういったひたむきな奥島の姿があったからこそ、社員の中に「この人はこの会社を本当に良くしたいと思っている。自分たちも力になろう」という思いを生み出すことができたのだ。

「裏方」を大切にする精神

奥島がもうひとつ心がけていたのが「裏方」を大切にしていくことだ。

奥島は整備士としてＪＡＬに入社、最初の４年間は空港のハンガー（格納庫）で過ごした。今でこそドラマの舞台になったり、羽田空港の整備工場見学が大人の社会科見学として注目される整備の現場だが、当時は会社の中で最も陽《ひ》のあたらない職場。整備の中でも運航整備といって搭乗スポットで出発前の飛行機をチェックする仕事であれば乗客や客室乗務員と触れ合う場面があるのだが、奥島のいた格納庫でのハンガー整備はまさに裏方であり、会社の中で一番弱い立場の人間だったと振り返る。

「整備は飛行機を運航する上で最も重要な仕事です。しっかりとした整備ができていなければパイロットが安全に操縦することができないし、乗客をお乗せすることさえできない。私はJAL時代に御巣鷹《おすたか》の日航機墜落事故（1985年に起きた、520人もの犠牲者を出した航空機事故）を知ってます。だからこそ、安全運航が続くのが当たり前に感じさせてくれる整備士の努力を大切にしなければならない」（奥島）

整備という決して表舞台には立たないものの飛行機の運航に絶対に欠かすことのできない仕事。組織がその力を十二分に発揮するためには、表舞台に立つ社員だけではなく、裏方に対する気配りこそ必要であることを奥島は誰よりも知っていたのだ。

だからこそJALの成田空港整備部門の工場長時代、1700人近くいた部下の半数以上の名前を覚え、すれ違うたびに常に名前を呼ぶことにしていたのだ。「○○君、今日は元気かな？」「△△君、仕事を楽しんでいるかな？」と。それは専門学校を出たばかりの新入社員でも同じだった。このように名前で呼ぶことは親近感を生み、気さくに現場の社員と話すことができた。ときには社員の休憩時間に合わせて休憩室に顔を出し、整備業務に関する現場の生の声を拾うこともあった。会社がひとつになるためには、いかに現場に立つ社員たちと経営者である社長との距離感が近いのかが大切なのだ。

「裏方」を大切にすることに加えてもうひとつ、天草エアラインの人事面改革に、本来の力を発揮できない場所におしやられている社員がいないかの見直しがあった。

今のままの組織体制での再建は無理と判断し、前述のポケットマネーを使った飲み会などの形で社長就任直後から現場社員たちとの積極的なコミュニケーションを心がけてきた奥島は、社員の能力、素質、仕事への取り組みなどを総合的に判断、やる気のある社員を一気に管理職に登用していくことにしたのだ。特に力を入れたのが天草出身もしくは長年天草で生活しているプロパー社員の管理職への登用だった。

まずは客室乗務員が所属する客室部にいた地元出身者の太田昌美だ。天草エアライン設立時は客室乗務員の採用試験に不合格（300倍を超える倍率だった）となったのだが、派遣社員として天草エアラインの予約センターで働き、ついに客室乗務員として正社員入社した太田。当時の彼女は主任として客室乗務員の教育係としての業務も行っていた。しかし客室部長だった大手航空会社からの出向者との関係が上手《うま》くいかず、前にも書いたようにまったくコミュニケーションを取ろうとしない前社長とのやりとりで天草エアラインでの仕事に疑問を感じて伸び悩んでいた。

しかし本来は会社で一番の明るい性格であり、茶目っ気たっぷりな太田。天草エアラインの利用者や地元でも人気者である彼女を活かさない手はない。天草に精通し、地元の人とも溶け込んでいる太田をより大きく育てるために、奥島は彼女を主任から課長にいきなり昇格させたのだ。そして、太田が仕事をしやすい環境を作るために、同じく天草出身の川崎茂雄を総務部から客室部に異動させた。将来的に太田を客室部長にすることを密《ひそ》かに決めていた奥島だったが、主任からいきなり部長では重責に過ぎる。そこで一旦課長にして管理職の経験を踏ませ、その上で最終的に客室部のトップにするという長期ビジョンに基づく判断を下したのだ。

そして太田のために客室部長に据えた川崎は優秀で行動的なだけでなく細かい気配りも得意。太田との人間関係もよいということを奥島が把握した上での人事だったのだ。この環境の中で着々と管理職としての素質を磨いていった太田は3年後に晴れて客室部長となる。そして川崎にはその気遣いを対外的な場で活かしてもらうために営業部長に異動させる。

もちろん客室部長になったことで太田はさらに大きな責任を背負うことになり、奥島からも頻繁に怒られる毎日だった。しかし奥島が見込んだ彼女の前向きな姿勢が客室部全体を変え、いまや日本の航空会社で最もユニークかつ魅力的な客室部と言われるまでに成長させたのだ。

その他にも、総務部長に同じく天草エアラインの生え抜きの柴木、整備副部長に江口をそれぞれ昇格させる。彼らの昇進は社員一人ひとりに天草エアラインという会社は自分たちの仕事ぶりを正しく評価してくれる会社だと感じさせ始めていた。航空業界はある程度の経験が必要な特殊産業で、天草エアラインにも大手航空会社出身者がいた。しかし奥島は、地元・天草の出身者と大手航空会社出身者を半々ずつ部長に昇進させることで、地域密着かつプロ集団の航空会社を目指したのだ。

倒産寸前にまで陥っていた天草エアラインの逆襲が始まろうとしていた。

もっと地域の人とのコミュニケーションを!

奥島が社長に就任した頃の天草エアラインは全国的な知名度は低かった。しかし天草という地元で天草エアラインを知らない人はまずいない。知名度100%と言っても過言ではない有名企業だ。しかし現場の社員と地元の人たちの交流はあっても、社長や役員という上の人たちは地元の名士が集まる公式行事や祭には顔を出すものの日常での交流は皆無という状況だった。地元企業でありながら地元住民にとって身近な存在とまでは言えなかったのである。

それに天草エアラインの航空運賃も決して安くはなかった。福岡まで片道約1万5000円もかかってしまう。同じ九州にある対馬《つしま》や壱岐《いき》、五島《ごとう》列島のように完全な離島であれば九州本土への移動も飛行機が中心になるのだが、天草は九州本土と天草五橋と呼ばれる橋で結ばれており、島でありながらも陸路で熊本市方面への移動ができるのだ。したがってバスで熊本駅まで出てそこから鉄道を利用すれば、時間はかかるものの半額以下で福岡まで移動できてしまう。だから飛行機利用客は時間に制約のある出張ビジネスパーソンや観光客、そして長時間移動が大変な高齢者、福岡の病院への通院などが中心になってしまい、どうしても地元利用者は限られていた。

地域航空会社なのだからこのままではいけない。もっと地元の人たちに天草エアラインを身近に感じ利用してもらわなければ。そのために奥島は地域に根づく航空会社の社長として、顔を出せるところにはとにかくすべて顔を出すことを自らに課した。なぜなら、地域航空会社の一番のサポーターはどこよりも地元の人たちであり、その天草市民の人たちに天草エアラインを地域の誇りと感じてもらいたいと思っていたからだ。

これは誰もが考える当たり前のことのように思えるが、東京や大阪などの都市部にある大企業や役所でそれなりの地位を築いた人たちの中には、地方のことを最初から見下していて対等な立場で付き合おうとしない人が多いのが現実だ。しかしＪＡＬ熊本支店長時代から奥島はとにかく地元の会合に顔を出し、色々な人と交流をしてきた。そしてそれが支店の業績アップに繋がることも一度や二度ではなかった。

こうした経験を振り返って奥島は語る。

「地域航空会社における社長業務の8割は地元とのお付き合いです。地元の人たちと個人的な人間関係を築くことで、災害の時など困った時に力になってくれます。イベントの時にも力を貸してくれます。もちろん私たちも会社として地元に貢献するにはどうすればいいのかを本気で考える。地域航空会社にはそういう地元との一体感が絶対的に必要なんですよ。

それに人間関係が深まると仕事以外のプライベートも楽しくなる。楽しい毎日をすごしていなければ良い仕事だってできるわけがないじゃないですか」

奥島の趣味は魚釣り。だから観光関連の仕事で名刺交換した釣り宿の人ともすぐに仲良くなり、休みになると釣り三昧の時間を満喫した。まさに仕事もプライベートも充実するという一石二鳥となったのだ。

もちろん地元の人と仲良くなれさえすれば、すぐに搭乗率がアップする訳ではない。それでも奥島は地元との付き合いを大切にし続けた。目先の利益のためではなく、天草エアラインが目指すもっと先の空のために……。

必要な経費と不必要な経費の見極め

奥島が社長となって社内の雰囲気は変わったのだが、だからといってすぐに経営の数字が改善したわけではない。経営が悪化している会社なのだから経費削減もしなければならなかった。

しかし大切なのは何を無駄な経費と考えて、何を必要な経費と考えるかなのだ。前社長が断行したように行き過ぎた経費削減は社員の士気を低下させることはもちろん、当たり前に飛ぶという航空会社の基本を揺るがしかねず、会社のイメージダウンすら招いてしまう。

たとえば経費削減のために更新されない制服。航空会社にとって会社の顔でもある客室乗務員や空港でのグランドスタッフの制服が、前者は2001年から、後者にいたっては創業から更新されないまま続いていた。それだけの時間がたってしまうとデザイン的にも時代遅れとなってしまい、フレッシュなイメージとはほど遠い印象を乗客に与えてしまう。

航空業界というのは華やかな世界だと思われているが、それはあくまでもバブル崩壊前まで。当時の大手航空会社の客室乗務員の年収は600~800万円と言われていたが、いまや航空会社によっては契約制で200万円前後の会社もあるぐらいだ。それでも大学や短大を卒業する女性が客室乗務員を目指す大きな理由のひとつに、航空会社の制服で仕事をすることへの憧れがある。給料よりも航空業界、それも客室乗務員として仕事ができることを彼女たちは誇りにしているのだ。そして素敵な制服を着用することは業務へのモチベーションを高めることにもつながる。制服のデザインで優秀な人材を確保しやすくなるのだ。

奥島はこのような歪《いびつ》な経費削減を徹底的に見直した。

まず、基本的に許可がおりなかった営業部隊の出張制限をなくした。だからといって出張し放題になったという訳ではない。出張するだけの効果、いわゆる費用対効果をしっかりとふまえた上で出張を許可するのだ。テレビ会議システムやメール、電話で済ませることも増えた世の中だ。メールで確認しあえば済む用件のために、わざわざ交通費や宿泊費をかける必要はない。

しかし、その一方で直接顔を合わせることで動き出す企画やプロジェクトだってある。実際に顔と顔を合わせることの持つ力は、どんなにコミュニケーション・ツールが進歩しようとも変わらないことを奥島は理解していた。まして空いている自社便を使えば、福岡・熊本・大阪への出張は経費的にも会社の大きな負担にはならない。やみくもに営業部の出張を制限する理由はどこにあるだろうか？

特に知名度がそれほど高くはない天草エアラインをもっと売り込むためには、大手航空会社が面倒で行かないようなところにまで声をかけて歩き回る地道な営業活動が不可欠だ。社員が自分の足で動かないかぎり収益を生み出すことは到底できない。それなのに出張費を理由もなく抑制することは、会社を前進させるチャンスをみすみす見逃すことになってしまう。

解禁された出張が天草エアラインにもたらしたのはパッケージツアーの契約だけではなかった。出張では自分たちが乗客の立場、特に東京への出張では当然、他の航空会社を利用する立場になるのだ。なので他社ではどんな機内サービスが行われているのかを知識としてではなく乗客の立場から知ることができる。さらに出張先では天草とは比べ物にならないスピードで流行が変わっていく都会のトレンドに触れることができる。そうした都会の刺激を受けることは仕事の新しいアイデアを生み出す契機になっていった。

そして長年更新されていなかった時代遅れの制服も新しいデザインに刷新された。しかも一年中同じ制服を着るのではなく、九州の暑い夏の制服としては、動きやすいポロシャツを導入したのだ。着心地もよくて、かわいらしいポロシャツも乗客に好評で、新しい制服を身に着けた客室乗務員たちも明らかに仕事に向かう姿勢がポジティブになったのだった。

奥島が持ち込んだ、それまでになかった経営方針で動き出した天草エアライン。もちろん人事の刷新や社員の意識付けをするだけで会社の業績が急激に良くなるなどという夢のような会社経営の方法はない。むしろ社内の空気が良くなってから問われるのが社長の経営手腕であり、一般の企業であれば新商品の開発、収益が出せない商品や分野からの撤退となる。航空会社の場合は便数の見直しや不採算路線の廃止、新規路線への就航、割引運賃の見直しなどがそれにあたるのだが、ここで奥島は第三セクターという会社方式に苦しめられることになる。

第三セクターの壁　誰のための翼なのか？

奥島が路線の再編を決断したのは就任の翌年だった。当時の天草エアラインは天草〜福岡線を3往復、天草〜熊本線を1往復、熊本〜神戸線を1往復運航していた。しかしスカイマークが神戸空港を西日本の最大拠点としたことで熊本〜神戸線の搭乗率が悪化、路線撤退に追いやられていたのだ。

基本的に第三セクターは儲《もう》けを最優先させる組織ではなく、地元への利益も優先させねばならない組織だとはわかっていた。しかし２０１０年のＪＡＬ経営破綻で明らかになったように、第三セクターではないＪＡＬでさえも生活路線や、有力政治家や地元の財界などとの関係から収益に関係なく飛ばす国内線や、ブラジルのサンパウロ線がその典型だが諸外国との友好という理由で飛ばす国際線など、収益が悪くても撤退できない路線を抱えていた。ＪＡＬは危機を乗り越えるためにそうした路線を整理して搭乗率の高い路線に集約、あるいは飛行機を小型化するなど利益重視の経営で収益を改善したのだ。それと同じことを奥島はやろうとしていた。

奥島は経営危機である天草エアラインの収益を改善するため、核となる路線の天草〜福岡線をベースにしながら福岡〜宮崎線や福岡〜松山線にも就航することで安定した収益を生み出すことを考えた。この２路線は、日本エアコミューター（ＪＡＣ）が強い路線だったが、他の競合航空会社がなかったので（現在ではＡＮＡも福岡〜宮崎線を運航している）市場調査をしても高い搭乗率になるのが間違いない路線だ。そして１時間以内という飛行時間の割には競合他社がいないのだから運賃も高めに設定できて高い利益率が見込めたのだ。

そこで奥島は、２０１０年８月に行われた熊本〜神戸線撤退の発表の際に記者に対して「熊本県内を発着しない福岡〜宮崎線、福岡〜松山線を飛ばしたい」と話した。

しかし、即座に熊本県はその要望を却下した。熊本県が筆頭出資者の第三セクターなのだから、熊本県民に利益とならない路線への就航を認めるわけにはいかなかったのだ。

これがまさに第三セクターという壁だった。第三セクターというのは、生活密着路線を飛ばすことに意義があり、たとえ儲からなくても住民のために飛ばし続けなければならない宿命にある。会社経営にプラスであっても、熊本県民にプラスでなければ天草エアラインという会社が存続している意味がないという考え方だ。

「だからこそ、第三セクターは県の補助金なしでの運営は無理なんです」と奥島は語る。

そして奥島は自分が社長に就任する前の2007年に決まっていたという整備費全額の熊本県負担を確認し、収益を上げるために就航を目指していた福岡〜宮崎線、福岡〜松山線の就航を断念した。


ただしこの補助金はあくまでも整備費の負担のみに限定されたものだ。赤字を補填するための補助金ではない。しかし、そのことが奥島にとってはありがたいことだった。

地域航空会社や離島などのローカル路線への一般的な補助金は、赤字補塡の意味合いが強い。この形ならば乗客が少ないままであっても結局は行政によって赤字が補塡されるから安心だ。

それなのになぜ整備費負担のみであることを良しとしたのか?

それはたとえば赤字続きの地方のバス会社に対して「生活密着路線だから地元住民の

足を確保しなくてはならない」という名目で多額の補助金を出し続ける構図を考えればわかる。これではバス会社の社員が営業努力をして乗車率を上げても、地方自治体からもらえる赤字補塡の額が減るだけで会社の利益には繫がらない。これでは社員のモチベーションだって低下してしまう。

しかし整備費のみの補助金であれば、会社としてしっかり売り上げを上げないと、人件費などのコストを捻出することができないのだ。そして乗客がどれだけ増えようとも整備費に充てられる補助金の額が減ることはなく、むしろ増えれば増えた分だけ会社の経常利益に繫がる。

「安全の根幹となる整備費を出してくれることは、安全運航という部分においては大きかったですね。航空会社として絶対に手を抜いてはならない部門の予算が確保できたわけですから。そこから先は自分たちが努力して会社を存続させるだけです」（奥島）

まさに会社の命運は社員一人ひとりの意識にかかっていた。

社員全員での機体洗浄で気持ちをひとつに

朝7時前。市街地から離れた高台の上にある天草空港に、次々と天草エアラインの社員が出勤してくる。今日は月に1度の機体洗浄の日だ。この機体洗浄の日には出勤できる社員が部署に関係なく自主的に集まり、長い柄のモップやブラシを使って飛行機を水洗いするのだ。

この機体洗浄には若い社員はもちろん社長や専務までもが参加する。非番のＣＡもこの日ばかりは制服ではなくつなぎの作業着。機体を洗う長い柄のブラシもガーデニング用の資材を使って整備士が作ったお手製。部署を超えてたった１機の飛行機をみんなで洗う光景は、生まれ変わりつつある天草エアラインを象徴していた。

「みんなで手洗いするなんて、入社した当時は驚きましたよ」

「自分の手で洗っていると飛行機に対する愛着がでてくるんです」

上気した笑顔で社員たちは話してくれた。

天草エアラインの第１便は朝８時ちょうど発の福岡行き。出発準備もあることから、遅くても７時半までには清掃を終えなければならない。無駄な作業は一切無し。手際よく磨かれていく飛行機の翼は、朝日を浴びながら今日のフライトに飛び立つ準備を整えていた……。

大手の航空会社では、整備部門以外の人間が機体を洗うことはまずない。大手航空会社であれば１００機以上、多くの地域航空会社も５機以上は保有しているし、機体も大きくて整備ドック外での機体洗浄自体が難しく、長時間を要するので現実的にも社員全員での機体洗浄なんてありえないのだ。会社や飛行機そのものに愛着を持つ社員は多くても、固有の機体に愛情を持つ社員も基本的にはいないだろう。だが、天草エアラインの場合は1機しか飛行機がないのだから話は別だ。

とはいえ初就航の2000年からこのような取り組みがされてきた訳ではない。

きっかけは奥島が機体のデザイン一新を決定し、2013年に現在の親子イルカ塗装の飛行機が生まれたことだ。天草の海、太陽の光を受けてジャンプするイルカの美しさそのものの機体。この新しい塗装がいつまでも今のような状態であり続けてほしいという思いが社長をはじめ社員全体の間にあった。だから奥島は自ら音頭をとって、社員全員の手で機体洗浄することを呼びかけたのだ。

他の航空会社であれば、予備機もあるので機体を使わない空き時間を使って機体洗浄ができる。しかし天草エアラインは飛行機の稼働時間が長く、朝8時から夜20時過ぎまで約12時間のあいだずっとフライト中だ。しかも定期整備の期間中を除けば毎日運航という働き者の飛行機だから、朝しかゆっくり洗浄できる時間がない。だから社員は早朝から出勤して機体を綺麗《きれい》にしているのだ。

親子イルカの前のデザインはすでに塗装から10年近くが経過しており、塗料が剝がれるなどかなり老朽化が進んでいた。定期的に整備士が機体を洗うことはあったのだが、社員全員で機体を洗おうという雰囲気はまったくなかったのだ。車にたとえるなら移動手段としての役割を果たせばそれでよいという理由だけで塗装が剝がれても乗られている中古車だろうか。

だが新車を買えば、ことさら車好きでなくてもできるだけ綺麗な状態で乗り続けたいと思う人が多いはずだ。やがて無意識のうちにその車に愛着を持つことになる。同じことが天草エアラインの機体デザインが新しくなった時に多くの社員にも起きたのだ。

飛行機の機体自体は数十年間使うことができるが、機体の塗装は5年から8年以内で塗り直すというのが一般的である。車においては、中古で購入した車の車体を塗り直すことはほとんどないが、飛行機の場合は機体を塗り直すことで外見上は新型機と同じ状態となる。

そして車と大きく異なるのは、飛行機には既製の機体デザインが存在しないこと。どの飛行機も航空会社オリジナルデザイン（CI：Corporate Identity）で塗装されて納品される。だから機体を見ればすぐにどこの航空会社なのかが一目瞭然で、まさに機体デザインが会社の「顔」になるのだ。世界中の航空会社を見ると、その国のお国柄を象徴したかのような機体デザインが多いが、旧塗装の天草エアラインの機体は、白ベースであり、お世辞にもあまり目立つ機体ではなく、興味をそそるものではなかった。しかし、親子イルカの新デザインになったことで、機体の存在感は増し、福岡、熊本、伊丹の各空港の展望デッキにおいても、航空会社の名前はわからないけどブルーの機体が可愛《かわい》いという声が聞かれるようになった。この新デザインが決まるいきさつについては後述するが、たった1機の飛行機は社員全員が自分の手で洗いたくなるぐらい魅力的な機体に生まれ変わっていたのだ。

機体を美しく保つ裏には、奥島が考えた天草エアラインそのものへ観光客を誘致するという目的があった。

就航以来、天草エアラインの乗客は、天草住民もしくは天草に出張するビジネスパーソンや医師などが中心で、観光客の利用が伸び悩んでいた。そこで奥島は機体デザインの一新をきっかけに、こんなコンセプトを思いついたのだ。

「天草エアラインに乗った時点から天草旅行が始まる」

これは天草エアラインそのものをひとつの観光資源として位置づけるものだ。天草にはここにしかない観光スポット、﨑津《さきつ》教会や大江教会といった教会群やイルカウォッチングなどがあり、綺麗な状態に維持されているからこそひっきりなしに観光客が訪れる。飛行機でもそれは同じで、天草でしか乗ることのできない綺麗で魅力的なイルカ塗装の飛行機と心を込めたサービスがあれば、天草エアラインそのものを観光スポットにできるのではないかという考え方だ。

前述したように天草は他の離島航空路線とは異なる状況にある。たとえば観光地として絶大な人気がある屋久島《やくしま》や石垣島《いしがきじま》へ行く場合、そこへ行くには飛行機もしくは高速船でのアクセスしかない。だから飛行機を利用する人の多くは、あくまでも移動手段として飛行機を利用しているのであり、飛行機自体がひとつの観光スポットだなどと考えられたこともないし、航空会社だってそんなコンセプトを示したことはなかった。だが島に橋（天草五橋）が架かっていて陸路で九州本土と結ばれている天草では乗用車はもちろん熊本駅近くの熊本バスセンターから天草への路線バスを使った移動も可能なのだ。それも、熊本バスセンターからバスに乗れば2時間以上かかるとはいえ片道2240円で行けてしまう。時間はかかるが陸路で移動した方が飛行機よりもずっと安くてすむ。だからこそ天草エアライン自体を観光スポットにして、乗客になって移動すること自体に付加価値をつけなければ、高額の運賃を払って飛行機には乗ってもらえないのだ。そのためにも魅力的な親子イルカの飛行機は綺麗にし続けなければならない。

奥島は機体洗浄によって会社全体に一体感が出てきたことを肌で感じていた。

この一体感という言葉には、目に見える一体感と目に見えない一体感がある。日常の業務における一体感は、自分の所属部署での業務をしっかりと行うことが結果として会社全体に貢献していくというケースが多く、どちらかと言えば目に見えない部分の一体感だろう。

それに対して、目に見える一体感というのがこの機体洗浄だ。日ごろの業務では即座には感じられない他部署との一体感が、社員全員での機体洗浄という目に見える形で社員全員に共有されていくのだ。だからこそ天草エアラインには〝大切なのは自分の部署のことだけ、他部署のことは知らんぷり〟なんていう社員がいない。

第3章　たった1機の飛行機が人々をつないでいく

2009年〜
パイロットやCA、営業……
社員たちに起きた意識の変化

社長に就任した奥島によって社長室の壁が壊された天草エアラインの社内は、これまでの静寂な雰囲気から一変、オフィスのどこにいても各部署と議論を交わす奥島の大きな声が聞こえていた。社員同士の一体感も格段に増し、その結果オフィス全体が明るくなって活気を取り戻していた。そして各部署にも変化が起こり始める……。

◆整備部

整備士が念入りに飛行機を点検・整備することで日々安全な空の旅が実現している。飛行機を安全に飛ばすための縁の下の力持ちであり、深夜の作業も多い。

「第三セクターとして設立されましたから機材や予備の部品は熊本県や地元の市などに購入してもらっていましたが、会社の運転資金は独自に稼がなければなりませんでした。1機の運航だけで黒字が出るはずもないのに。基本的には運航する機体1機につき3機分の部品や整備士を用意しなければならないのですから……。明るい兆しがまったく見えてこない状況でしたね」

現在整備副部長である江口は、奥島が社長に就任するまでの天草エアラインについてそう話す。

つまり「お金がない」という状況が続いていたのだ。特に整備士たちが予算の少なさを痛感させられるのが運航を数日にわたって休止して行われる重整備の時だ。その作業は他社に委託して行われるためにその委託費用が突出してかかることになる。限られた少ない予算だったために、本当は30ヵ所の整備作業を委託したいところを耐空性・安全性の影響のない範囲で削っていき、最終的には特に重要な15ヵ所だけにするぎりぎりの選択を常に迫られた。そんな状況だったから、予防的な処置というのは後回しにされていく。もちろん、運航に影響が出るような部品は航空会社の責務として購入するのだが、導入すると整備性が向上したり機体の故障率改善が期待されるような部品購入については後回しにされ続けていた。

だが、前にも書いたように２００９年に整備における補助金が支払われるようになったことで現場は大きく改善された。

まず「C整備」と呼ばれる５０００時間ごとに行われる重整備だ。この時に規則では義務とされていない、メーカー推奨の整備作業も機体の状況に応じて行っていく予算が取れるようになったのだ。その結果、飛行機のエンジンがいまはどんな状態なのかをトラブルが起きる前から確認することができるようになり、整備効率が大きく向上することになる。従来のように自社予算で重整備をやっていた時は、実際にエンジンの蓋を開けてみないとエンジンの損傷はわからなかったし、もし壊れていた場合には修理が必要になって時間もお金も組まれた予算を大幅に超えてしまい、当初100万円の予定だったのが300万円に跳ね上がることとすらあった。修理代はもちろんであるが、修理が長びけば1機しかないことから営業面でのダメージも大きい。

「整備費用の概算を試算するにも1機しかない航空会社ならではの苦悩があるんです。同じ機種を複数機持っていれば、過去の整備状況を見ることで機体の状況を推測できますが、1機しかない会社だと過去データを持っていないので予測が立てにくいのですよ」(江口)

それならば、日本国内で同型機を運航していて協力関係にもある琉球エアーコミューター(RAC)やオリエンタルエアブリッジ(ORC)といった航空会社と情報共有をしたいところだが、天草エアラインは飛行時間がこれらの航空会社に比べて突出しているために他社に参考となるデータが存在しない。それだけに整備費に上限を決めなくてもよい整備費用の補助は大きかったのだ。

しかも整備出身である奥島が社長になったことで業務がさらにスピーディーになった。たとえば、社内稟議《りんぎ》の決裁において、400～500万円かかる整備部品を調達することを説明する時でも、社長が整備のことを知っている人間であれば、その必要度の専門的説明が短時間かつ的確に行えるのだ。

しかし天草空港はとても小さな空港だ。整備予算が確保できたとはいえ、実際に整備作業が行われる環境は快適とは言い難い場所だった。

「こんな所でエンジン交換できるのか？」

就任直後の整備のスペシャリストである奥島にそう言わせたクレーンもなにもない環境。しかも運航していない夜間に整備を行うことも珍しくない。大手航空会社であれば格納庫の中で明るい電気の下で作業をしたり、予備機もあるので日中の作業も可能になるのだが、なんと天草空港にはそのような屋内の施設すらなく、すべては真っ暗な屋外での作業になる。だから日によっては雨が降ったり、風が強かったり、冬は寒かったり、そして暗い中で懐中電灯を使って作業しなければならず環境面では最悪。しかし、これも1機しかない航空会社で運航に影響のない時間で整備できるのは深夜だけなのだから、この環境でやるしかないのだ。

整備士の現場から航空業界に入り、陽の当たらない整備士の姿をいつも見てきた奥島だからこそ彼らの苦労が手に取るようにわかっていた。だから整備士とのコミュニケーションを重視して、頻繁にシップサイド（整備している飛行機の横）に行っては現場の一人ひとりに話しかけた。時には「うるさいジジイ」と思われることもあったようだが、徹夜覚悟で作業をしていた冬の深夜2時に奥島が差し入れを持って一人で現れたときなど涙が出るほど嬉しかったという。整備という現場を知っている奥島は、整備士たちの親分のような存在でもあったのだ。

「僕たちの仕事は専門性が高いから整備作業における予期せぬ事態を経営サイドに理解してもらえたことが心強かったですね」（江口）

また、1機しかない飛行機を運航・整備している中で天草エアラインにとって心強い存在になっているのが、天草エアラインが使用しているボンバルディアのDASH8を日本国内で使用している航空会社が集まる「DASH8シリーズオペレーターズミーティング」での情報共有だ。同型機を運航する琉球エアーコミューターやオリエンタルエアブリッジ、さらには整備委託を担当しているジャムコ社などの整備担当者が年に1回集まり、最近経験した不具合で各社間で共有した方がいいトピックを中心に、初めて聞くような事案であれば、どのように対応したかとか、どんな点が苦労したかとか、その予防方法などについても討議するのだ。先に書いたように飛行時間の違いからエンジンの状態を予測するデータを得ることはできないのだが、トラブルが起きた時に部品を貸し借りしあうことはもちろん、整備面で困ったことが起きた時にはお互いの航空会社の整備士同士が日々電話やメールなどのやり取りによってトラブルを解決することも多い。江口も「この集合体があるかないかは天と地の差である」と話す。

そして会議で話し合われた内容は事案によっては飛行機メーカーにも意見として伝えることになる。1社ではなく複数の航空会社で出すことに大きな意義があるのだ。一般的に航空会社同士が情報を共有することは極めて稀《まれ》であるが、小さなエアライン同士路線競合もないからこそ実現している集合体だ。また整備士たちは会社の枠を超えて飛行機の「安全運航」という面で強い仲間意識を持っており、自分たちが苦労したことやその解決策を共有しあいたいという気持ちが強い。まさに1社だけではカバーできない部分を複数の航空会社で共有していくことで安全性が高められているのだ。

さて、天草エアラインの整備部は部長1名、間接部門2名、現業7名の10名体制で構成されている。通常は2交代のシフト勤務で作業を行っているのだが、1機しかない飛行機にトラブルが発生すれば業務時間外であっても全員出勤だ。急に呼び出された回数は数知れないという。

「15年間、いつ呼び出されるかわからないプレッシャーがいつもあります。家にいても

心からくつろげたりなんかできないんですから」(江口)

トラブルのない運航が続いていても、飛行機の状態がどうなっているのかは、最終便着陸後の機体チェックが終わるまでわからない。予定通りに天草空港へ帰ってきた機体から機体トラブルが発見されて、修理にとりかかるものの翌朝までに終えることができずに欠航させてしまう時は乗客の人たちの気持ちを思って心が痛んだ。

しかし彼らは「安全が確認できるまでは毅然《きぜん》として飛ばさない」という大原則をひたすら守り、なぜ飛ばせないのかという問いにはその理由をしっかり説明することにしていた。江口は、「安全に100点はない」と言う。ここまでやれば完璧というゴールの見えない永遠の取り組みだと。そして大切なのは、安全への取り組みにおける精度を上げていくことが整備士には求められると信じている。

そんな現場の気持ちを理解していた奥島は、どんなにお金がない時でも航空会社の責務だとして必要な部品を最優先して購入し修理させてくれた。そのことで大きく欠航が減り、予備部品も確保しておくことができたのだ。完全に壊れてから部品を購入する場合には緊急輸送料がかかってしまうし取り寄せるまでの日数も必要だったが、予備部品を持っていればその点が解消される。「整備費の補助」で予算が増えたといっても適切に運用しなければ意味がない。それを可能にしたのが整備畑出身である奥島の社長就任だったのだ。

◆営業部

自社便航空券の営業・販売を担う。旅行会社や法人企業への営業活動に加えて、キャンペーンの企画や広報活動、ＳＮＳでの情報発信も担当している。

コスト削減で縮小された部署が復活

当たり前のことだが、飛行機で空気を運んだところで1円の利益にもつながらない。航空会社は人や物を運ぶビジネスなのだから当然だ。だからこそ奥島は新社長に就任した時から、もっと積極的に客席を売りこんでいくべく営業部の改革に力を入れるつもりでいたのだが、彼の行動力をもってしても改革することができなかった。

なぜならば当時の天草エアラインには改革すべき営業部そのものが存在しなかったからだ。

じつはコストカットを何よりも重視する経営方針から、営業部門は縮小されていたのだ。営業というのは取引先との人間関係を時間をかけて培うことが大切な仕事なのだが、そうした人間関係の財産を持っていた社員たちも営業部の縮小と共に「必要ない」と会社を追われてしまっていた。

「『うちの会社には他の航空会社と競合する路線は一つもないので、一人当たりの路線単価を低下させる商品プランのお客様が多くなると、うちの飛行機には1機で39人しか乗ることができないから、運賃の高い一般の利用者が乗れなくなってしまう。おまけに営業はとにかくお金がかかるし、人件費も安くない』……。歴代社長はそういうコスト面だけの理由で営業部を縮小したんだと思います。『うちの会社はお金がないから経費削減しなければ生き残れない』って普段から社員に言っている社長でしたから」

そう現在の営業部長、川崎茂雄は振り返る。旅行会社をこまめに回って飛行機と組み合わせたパッケージツアーを提案したり、団体やグループ旅行で自社便を積極的に利用してもらえるようにするのが一般的な航空会社の営業なのだが、それがすべて〝無駄〟とされてしまったのだ。就航当初のように何もしなくても利用者が集まり、満席で高い搭乗率の状況であれば営業がなくても会社は回っていくだろう。しかし、営業部門が廃止される前年の２００６年、天草エアラインの平均搭乗率は55・３％で、39人乗りの飛行機に1便あたり約21・５人しか乗っていない状況だった。まさに大量の空気を運ぶために飛んでいる状況だ。それなのに新たな客を獲得する営業活動はコストがかかって〝無駄〟とされていたのである。

営業部の復活、広告宣伝費も初の予算化

「営業部が活躍しない航空会社なんて企業として考えられませんでした」

ＪＡＬ熊本支店長時代に営業の経験がある奥島は、社長に就任するとすぐに営業部を復活する。

「とにかく私は低すぎる天草エアラインの知名度を上げて、お客様を増やしたいと考えてました。そのため営業部の上に立つのは、どんなに難しそうな会社であっても、ひるまずに飛び込んでいけるフットワークが良さそうな若い社員がいい」（奥島）

新生営業部は総務部にいた30代後半の川崎を部長に、その部下として30歳になったばかりの谷口弘文との二人体制でのスタートだった。それにともない会社の知名度を上げるために、天草エアライン設立以来初の広告宣伝費も予算化した。

奥島がそれまでゼロだった部門に対していきなり人員と予算をあてた裏にはある危機感があった。それが２０１１年３月12日の九州新幹線熊本ルートの全線開業だ。いきなり営業部長を任された川崎も以前から「新幹線が開業してしまうと天草エアラインのメイン路線である福岡線のお客様が減ってしまうかもしれない。早めに手を打たないと」と危機感を持っていたという。

「特に天草エアラインの柱である福岡～天草線にとっては脅威でしたよ。在来線を使うと博多から熊本まで1時間から1時間半かかっていたんですが、新幹線だと博多～熊本間を約35分で移動できてしまうんですから。さらに天草まで来るには熊本駅からバスで約2時間15分がかかるのですが、それでもトータル3時間強で博多から天草へ移動できてしまう。もちろん、天草エアラインを利用すればわずか35分で移動できはするんですが、陸路の倍近くもかかってしまう運賃を考えると……」

天草から福岡まで新幹線を使った場合は6850円。いっぽう天草エアラインは1万3200円もかかってしまう。いくら時間がかからないとはいえ、価格的には圧倒的に安い新幹線＋バスという陸路に利用者を奪われる可能性が十分に想定できたのだ。

観光で集客するためにツアー商品開発に着手

この手ごわいライバルである新幹線に対抗するために、奥島はある戦略に出た。
「天草には観光スポットが数多くあり、グルメも堪能できる。それなら『観光』での集客に力を入れるべきじゃないのか」

地域の交通手段にとどまらず、観光の交通手段としての価値を高めていく戦略だ。それまでの天草エアラインはビジネス需要及び天草エリアの地域住民の利用が中心であったが、それはすでに頭打ちとなっている。だからこそ新たな観光需要を求めたのだ。

観光での集客を実現するには、営業の強化が不可欠だ。そこで営業部が取り組んだのがパッケージツアーの商品開発だ。福岡発と天草発の両パターンで新しいパッケージツアー企画を練り始めた。

営業としては素人だった彼らはとにかくさまざまな商品を考えた。しかし、安易なマーケティングで失敗したケースもある。それが2013年1月の機体デザイン刷新時を記念して天草エアラインを2日間全フライトに乗ることができる「2日間乗り放題きっぷ」だった。これは営業が企画を出して実現したもので、3万円で販売したのだが売れた数はわずか3枚。過去にANAが1日乗り放題を1万円で発売して爆発的なヒットを記録したことをヒントに生まれた商品だったが、飛んでいるのが3路線しかなく、しかも福岡〜天草線以外は1日1便だから、乗り放題といわれても乗った便で戻ってこないと旅を続けることができないのだ。

今となっては笑うしかないこのような失敗企画もあったとはいえ、福岡〜天草線では福岡発で天草のイルカウォッチングや温泉を楽しむパッケージツアー、天草発では福岡への日帰りツアーにホテルバイキングのランチを組み込んだパッケージツアーを企画。地元旅行会社の九州産交ツーリズムと天草エアライン営業部で日帰りパック9800円、宿泊付パック1万6000円からで商品化して販売したツアーはたくさんの利用客を集めることになった。特にこの日帰りパックは通常の片道普通運賃よりも安いこともあって発売直後からすぐにツアーの申し込みが相次いだほどだ。パッケージツアーのパンフレットが旅行代理店のカウンターに並ぶことともあわせて天草エアラインの知名度向上に大きく貢献したことは間違いない。

また搭乗率が30%台に低迷していた熊本～天草線をてこ入れするために、2便から1便に減便させた上で、県内にある阿蘇や黒川温泉などへの1泊2日のパッケージツアーを売り出した。車の運転ができずに公共交通機関で移動するしかない天草在住の高齢者がメインターゲットだ。ツアーの内容は天草空港を午前10時に出発し、20分後の10時20分に熊本空港に到着、それに合わせて宿泊施設の車が迎えにきてくれるというもの。しかもその車に乗って、阿蘇や黒川温泉の宿に入り、翌日は熊本空港15時発の便に合わせて再び宿泊施設から車で送ってもらい、天草空港に15時20分に戻ってくるといういたれりつくせりのプランだ。

これを実現するために営業部長の川崎は価格だけでなく、熊本空港との送迎もあわせて宿泊施設と交渉してきたのだ。高齢者をターゲットにしている以上、送迎がなければ絶対に売れないと踏んでいたからである。そしてその読みは的中し、旅行というレジャーから遠ざかっていた高齢の方たちに素晴らしい時間をすごしてもらうことができたのだ。

ほかにも天草島内での競技人口が多い高齢者向けスポーツ「グラウンド・ゴルフ」のプレーと宿泊をセットにしたプランも評判を呼んだ。それでも熊本〜天草線の厳しい状況は続いたのだが、こうしたヒット企画を生み出すことが30％台だった搭乗率を50％台まで押し上げる大きな要因になっていた。

パッケージツアーの次に取り組んだのがメディアへの露出、いわゆる広報活動である。創業初の広告宣伝費の予算が組まれたことで、福岡エリアでのテレビCMや朝の情報番組でのキャンペーン告知など、天草エアラインの知名度を上げて「観光」で利用者を呼び込むことに照準をあわせた。これは奥島の観光での集客という戦略にそったものだ。

だから地元のテレビ局で会社が紹介される時も、「天草エアラインに乗ってくださ い」と言うのではなく「天草はイルカを一年中観《み》ることができて、美味《おい》しいお寿司も食べられますよ！」と自社よりもまずは天草の魅力を中心に伝え、最後に「天草エアラインなら福岡からわずか35分で行けますよ」と近さをPRする工夫をしたのだ。

こうしたパブリシティの効果は少しずつ結果として数字で現れてきたのだ。

◆運送部（グランドスタッフ）

空港内での乗客に関する業務を担当。予約センター、チェックイン、保安検査場、搭乗案内、手荷物の搭載など業務は幅広い。欠航・遅延時の対応も担当する。

天草エアラインで最も業務が多岐にわたり、それゆえに効率が悪かったのが運送部だろう。飛行機1機で1日10便体制だったのを2007年11月に限界ギリギリの14便体制にしたことで運送部は大混乱に陥っていた。無理なスケジュールを組んだことによる欠航や遅延が相次ぎ、欠航対応でもカウンターで長時間待たせてしまうなど利用者にネットで酷評される始末。

「大事な用事の時には、おたくの航空会社は使えない！」

そう利用者からの叱りを受け続けた運送部だった。

また、当時の天草エアラインはまだインターネットでの航空券予約ができず、電話での予約がメイン。「インターネットで予約できるようにならないの？　電話だと面倒なんだけど」という声がカウンターでよく聞かれた。

これだけ乗客をイライラさせていた大きな要因は「システム化の遅れ」だった。それはなにもインターネットによる予約システムの導入だけではない。航空券そのものが昭和にタイムスリップしたかのような手書きタイプであり、カウンター業務の多くが手作業で行われていた。当然欠航便が発生すれば、迅速さが求められるその処理も手作業となる。

そのために一人の乗客の搭乗手続きの処理だけでも時間を要してしまう状態が続いていた。搭乗手続きも含めてすべて手作業だったために日常的な業務に多大な時間を要していたのだ。

このような事態を招いた大きな原因のひとつが、天草エアラインの運送部は大手航空会社のようにチェックイン業務専門の部隊ではないということだった。乗客からチェックインカウンターで預かった荷物の飛行機への搭載、到着した便の荷物の引き渡し、空港保安検査業務、乗客予約管理、搭乗者の航空券情報を照合する収入管理……とにかく人や物の運送に関わるすべての業務を一手に引き受けている部署が天草エアラインの運送部だったのだ。したがって大量の業務をしなければならなくなり、それらを手際よくこなし業務効率を高めることが重要になる。にもかかわらず、奥島が社長に就任するまでのコストカット時代では、とにかく人員を減らし人件費を抑制してコストを削減せよと運送部長の濱田雅臣は迫られていたのだ。

「人件費を削れといってもこちらは乾いた雑巾状態ですからね。いくら絞っても何も出てきません。はっきりいって末期症状でした」と濱田は振り返る。

そんな運送部の現実が見えていない社長室の壁の内側からの命令に、社員たちの苛立《いらだ》ちが募る日々が続いた。

IT化に取り残されてしまった時代遅れの航空会社

1995年前後まで、国内線の航空券予約は旅行会社の窓口での購入が最も多く、それ以外に電話予約センター、空港のチケットカウンターで予約・購入することが一般的だった。いわゆる旅行会社依存型の販売方式が主流だったのである。しかし時代は変わり21世紀のネット時代になると、代理店を通さずにインターネット上で航空券を購入する人が一気に増えて、今や単体で購入された航空券のほとんどがネットからの購入となった。それどころかLCCをはじめ、一部の航空会社ではインターネット以外の方法、電話予約センターや旅行会社のカウンターなどで購入すると追加手数料がかかってしまう時代なのだ。ANAやJALなどの大手航空会社ですらも国際線においては発券手数料を徴収している。

この航空券を自社で販売する直販スタイルを浸透させることは航空会社にとってのメ

リットも大きい。旅行代理店に販売手数料を払う必要がないことに加えて、空席に応じた運賃設定も可能になり、各便の売れ行きを見ながらリアルタイムで価格の上下するレベニューマネジメント（収益管理）を可能とし、利用者が多い繁忙期には強気の運賃設定、逆に閑散期で利用者が少ない時期には安く設定できるようになったのだ。つまり、直販スタイルのシステムを構築することは収益アップにも繋がるのだ。

そのような航空業界の潮流から完全に取り残されていた天草エアラインの予約システム。予約できるのは旅行会社、予約センター、そして天草空港の窓口と限定されており、空席があるかどうかの確認も電話で問い合わせをしないとわからないせいで、せっかく旅行で天草へ来ようと考えていた旅行者でも「ネット予約ができず、わざわざ電話をする手間も面倒だからやめよう」と断念する人も多かった。それでも予約をしてもらえる利用者はいたのだが、カウンターで手渡すチケットそのものも彼らを苛立たせる要因になっていた。コストカットの一環としてチケットの紙の質も明らかに悪くなっていたのだ。利用者からは「おまえのところは、どんだけ薄い紙を使っているのか」と揶揄されることもあったという。

もちろん、時代に置いていかれていることは天草エアラインの社員はわかっていた。社内でも２００２年頃に「インターネット予約ができるシステムを導入しましょう」と複数の社員から提案があり議論される場もたれたのだが、見積もりを取ってみると5000万円以上の費用が必要であることを知って断念せざるを得なかったのだ。コストカット至上主義の社長が許可してくれるわけがない。その後、会社の経営が傾くにつれてシステムの刷新の話も出なくなっていったのだ。

たしかに航空会社の予約システムというのは莫大《ばくだい》なコストがかかる。単純に商品を販売するオンラインショッピングモールであれば、ネット上で購入された商品の代金をクレジットカードで決済してもらい発送作業をするというシンプルな流れであるが、航空券の場合は予約変更可能な普通運賃、早期購入型の割引運賃など種類も豊富である。しかも割引運賃は基本的に座席数限定であり、割引運賃ごとに空席の数を設定しなければならない。またネットでのショッピングと異なり、変更やキャンセルも頻繁に発生する。さらに予約された記録を基にして空港では搭乗手続きが行われるわけだから、搭乗手続き時においては座席指定、体の不自由な人のための車いすの手配といった追加情報の管理もしなければならない。このように予約システムを構築するには出発時の最終搭乗者名簿の作成も含めて、天草エアライン専用の新しいシステムを構築しなければ何もできないのである。数百万円の費用ではシステムの構築やホームページの刷新はできないのだ。

現在の航空業界において、予約システムは航空会社の顔であり乗客を集めるための大切な肝である。インターネットで予約ができなければ利用者に余計な手間をかけさせることになり、それだけで敷居が高い航空会社になって客離れが起きることになる。

2010年、ようやくインターネットでの予約開始

２００９年から整備費用は熊本県からの補助金でカバーすることができていたが、予約システムの高額な費用まで捻出することはできずにいた。そのような状況の中、ありがたいニュースが飛び込んできた。奥島が社長に着任した２００９年に、国から地域航空会社に対して、地方活性化の観点から1億円の実証実験の支援金が支給されたのだ。ある地域航空会社では生のマグロを飛行機で輸送するための実験をこのお金を使って行ったのだが、奥島は、迷わず数千万円を使って予約システムを刷新したのだ。システムを刷新することが最重要課題であるという意識が高い奥島に迷いはなかった。

導入されるシステムの具体的な設計についても奥島が主導で動いた。いかに自分たちの航空会社にベストなシステムを最低限のコストで導入するかという命題に立ち向かったのだ。大手航空会社が使う高価なシステムはいらない。他の地域航空会社が使ってい

るシステムを徹底的に調べ上げて天草エアラインに最も適したシステムを模索。ついにインドに本社があるＩＢＳ社のシステムが最適であると判断を下し、導入することになったのだ。

しかし予算には制約があるので同社のシステムをすべて導入することはできない。そこで予約やチェックインの業務などのシステムは必要だが、預かる手荷物のタグを発行するシステムは必要ないという見極めを行ったのだ。手荷物のタグはすでに印字済みの紙製タグでもオペレーション上の問題はない。それよりも抜本的な業務改善が期待できる部分を中心にした投資だ。ＡＮＡやＪＡＬなどの大手航空会社では自動チェックイン機を積極的に導入し、今ではチェックインの手続き自体が不要で、座席指定を済ませておけば便出発15分前までに直接保安検査場を通過すれば乗れてしまうくらいシステムが進化している。しかし地域航空会社の業務にそこまでのシステムを導入するのは「やりすぎ」でしかなかった。

中小企業におけるＩＴ化というのは非常に悩ましい問題である。大企業であれば豊富な資金力をバックにしてＩＴ化を進めることで業務効率を高め、莫大な利益を生むことも多いだろう。企業規模が小さくてもＩＴベンチャー企業などであれば、システム自体が商品の柱となることから最高のシステムを構築することが最優先となる。

しかし、一般の中小企業においてはどの程度の金額をシステムに投資すべきかを見極めるのは難しい。投資した金額を上回る効果を生み出すことができるかどうかの不安も大きく、二の足を踏んでしまうのも当然である。その中で自社にマッチしたシステムにいくら投資すべきか判断するのも中小企業の経営者の力量が問われる部分なのだ。天草エアラインの場合、自社の苦しい現状を変えるために必要なシステムとは何かを見極める力があったからこそ最適なシステムを組むことができたのだろう。

そして現実を見据えた最低限のシステムだったからこそ、支援金から捻出した予算で構築できたともいえる。そしてこの新システムの構築によって2010年3月にようやくインターネットでの航空券予約・購入が可能となり、日本中のどこにいてもホームページから天草エアラインの航空券がクレジットカードを使って簡単に予約・購入できるようになったのだ。

「これでやっと手書き航空券から脱却できる！」

そう運送部の社員は安堵《あんど》の表情を浮かべた。時代遅れといわざるを得ない手書き航空券を発券している自分たちがどこか気恥ずかしかった現場ならではの感想だろう。この頃には1日14便体制が見直されて1日10便体制になっていたこともあって効率的に業務を遂行できるようになり、空港で利用客を迎える社員たちにも自然と笑顔が多くなってきていた。

何度もの精査を繰り返して導入された新システムの効果はすぐに出た。利用者がこれまでのメインだった電話予約からインターネット予約にすぐにシフトしたのだ。そこで予約センターの人員を減らすなど、人件費を削減することにも成功した。最高で18名のスタッフだったのが、今は13〜14名で対応できるようになったのだ。

新システムによる効率化が社員にもたらした精神的な余裕から新たなサービスも生まれていた。それがリピーターに対する対応だ。

大手航空会社では、1年間の搭乗実績に応じた上級会員制度（エリートメンバー）を導入し、主要空港での空港ラウンジの利用や優先チェックインサービスなどサービス内容を明文化している。それに対して、天草エアラインにはポイント制度はあるが上級会員制度はない。もちろんラウンジもない。

だが、何度も繰り返し天草エアラインを利用しているリピーターに対しては心の余裕から、より細かい気づかいができるようになったのだ。それはリピーターの乗客がどの席を望んでいるのかなどの情報がスタッフに共有されており、チェックイン時には可能な限り希望の座席の搭乗券を出すように心掛けること。そのために天草エアラインのグランドスタッフはリピーターの特徴、たとえば「毎週利用されるこのご老人は入り口から近い席を好まれている」といった情報を共有している。だからこそリピーターの乗客に対して「どうもどうも、いつもありがとうございます」とだけ言っていつも利用してもらっている席のパスを笑顔で手渡すことができるのだ。

このようなサービスについて、「まさに〝あうんの呼吸〟なんです」と濱田は話す。これは一流ホテルのドアマンに通ずるところがある。顔を見ただけで名前ばかりか、その顧客の好みや傾向まですべてを反射的に思い出すことができるのだ。土俵が違うとはいえ客に対する思いは同じであり、それが真の顧客サービスの在り方ではないだろうか。

もちろんこうしたサービスはリピーターだけに向けられたものではない。天草エアラインには旅行に不慣れな利用客も多い。特に天草地域に住んでいて飛行機に不慣れな利用客は駅で電車のチケットを買うように天草空港に直接航空券を買いに来る場合が多いのだが、そうした利用者から窓口で予約を受けた社員が当日のチェックインでも担当するようにシフトを調整することもあるのだ。それは「同じ社員が担当することで少しでも不安を取り除き、安心して飛行機に乗ってもらいたい」という気持ちから。

いくらシステム化して、インターネットで予約する比率が増えても、直接顔を合わせて接することで、地域密着型航空会社の信頼に繋がる。最後はやはり「人」対「人」なのだ。

業務が効率化されたことで新たなワークスタイルを確立

新システム導入による業務の効率化が図られたことで、新たな勤務スタイルを濱田は奥島に提案したのだ。

「スプリット勤務を導入してもよろしいでしょうか？」

スプリット勤務とは、午前中に数時間勤務した後、一旦退勤してから夕方前に再度出勤するというワークスタイルである。天草エアラインの便は、朝8時発の福岡行き、そして朝10時05分に出発する熊本経由大阪・伊丹行きが出発した後は15時までは発着便がないのだ。業務が効率化されたことで予約センターや収入管理をする社員を除いては時間に余裕ができたので、昼休みを4時間半にして自宅に帰ることができるスタイルを濱田は提案したのだ。

奥島からはすぐにOKの返事がでた。このスタイルは、ほぼ全社員が天草に住んでおり、通勤時間が短いからこそ実現できたのだ。家庭を持っている主婦などはこの4時間半を使って家事を済ませることができる。経営サイドとしても人件費を抑えることが可能となり、15時の到着便以降は最終便が福岡から戻ってくる19時半過ぎまで勤務してもらうからシフト管理もしやすくなるのだ。社員と経営者が共にメリットのある勤務体系としてスプリット勤務は天草エアラインに定着した。

それまでの暗い社内の雰囲気では、こんな提案をする社員はいなかっただろう。これは社内が明るくなって社長と話をする機会も増えたからこそ提案できたアイデアなのだ。そして奥島自身が現場にいるからこそ素早く最適な判断を下すことが可能だったのである。

予約システムの更新時にもそうだった。濱田を中心に運送部の社員は夜遅くまで仕事をしていたが、その時も奥島は夜遅くまで一緒に付き合い、時には夜食を差し入れてくれたのだ。

もちろん常に社長に見られて仕事をするというのは社員にとっては息苦しいところもある。たとえば奥島は疑問を持つとすぐに「あの件はどうなってるのか?」と尋ねてくる。他の仕事に追われていた濱田が「調べますので、1時間待ってください」と返事をするのだが、その10分後には「どうなったのか」と電話がかかってくるという。さすがにその時は「社長、1時間待ってくださいとお話ししましたよね」ときつく言い返したそうだ。

「でも、口うるさい社長ではあるけれども根本的には優しい方だなぁと感じてました。社員のことをまず第一に考えてくれている」

苦笑しながらそう話す濱田は、まるで楽しかった少年時代の思い出でも話しているみたいであった。このように新たなシステムが導入されたことで、利用客と社員との関係だけでなく社員同士の関係、ひいては社長と社員との関係までもがしっかりと繋がっていったのだ。

◆乗員部（パイロット）

2名体制（機長・副操縦士）で飛行機を操縦する。パイロットは飛行機の操縦だけでなく、いかなる時でも乗客を安全に地上に連れ帰ることが使命である。

多様なキャリアのパイロット7人

天草エアラインのパイロットは機長4人、副操縦士3人という体制だ。しかし彼らの経歴は大手航空会社のパイロットと大きく異なり自社養成がゼロ。一般的に日本の旅客機のパイロットは航空会社に新卒で入社してから訓練や試験を受けて操縦免許を取得し、その会社で定年まで飛び続けるものなのだ。

また大手航空会社ではパイロットだけでも１５００人以上が在籍しており、機長と副操縦士が同じ組み合わせになるケースは少ない。それに対し天草エアラインは７名のパイロットしかいないのだから、同じ組み合わせになることはごく普通のことなのだ。

そして天草エアラインでは就航先でのステイ（滞在）も原則ないので、天草空港内にあるオフィスでパイロット同士が顔を合わせることも多い。そんな環境もあり、他の航空会社よりもパイロットとしてのチーム意識が生まれやすい。


しかし天草エアラインのパイロットたちが最も他社と異なるのは、７人のパイロットが天草エアラインに入社するまでの経歴の多様さだろう。最年長の小松久夫機長は天草エアラインに入社して８年となるが、かつては航空自衛隊で戦後初の国産旅客機でもあるＹＳ－11型機やＣ－１輸送機などを20年にわたり操縦した後、皇族や首相など政府の要人が海外を訪問する際に利用する政府専用機にも13年乗務したベテランパイロットである。小松は天草出身であり、最後は故郷・天草の空を飛びたいと天草エアラインでパイロット人生の最後を過ごした。

また乗員部長でもある山本幹彦機長も九州に帰りたいと思って、天草エアラインに入社した一人だ。山本は２０１３年11月に天草エアラインに入社した。入社前は北海道や沖縄の地域航空会社のパイロットとして日本の空を飛んでいた。しかし沖縄の航空会社で飛んでいた頃、いつかは自身の両親の出身地であり、自分も子供の頃に過ごした九州に帰りたいと思っていた時に、天草エアラインのパイロット募集を見つけて応募したのだった。入社した時の社長は奥島だったが、初めて面接で天草エアラインの便に乗って会社に来た時に見た光景を今も忘れないという。

「着陸した飛行機に社長と専務がリヤカーみたいなのを押して近づいてきて、自らお客様の荷物運びをしているのを見てビックリした記憶が残っています。役員という立場の人たちが現場の仕事をしているのだから、きっと現場の声がダイレクトに経営陣に届き、社員も活き活きと働ける会社だと思いました」

そして入社した後に、彼は自分の予感が間違っていなかったことを知る。

「現場と経営陣が近い会社で驚きました。会社の忘年会の余興で私が社長にゴムパッチンしても平気なぐらいなんですから（笑）。業務においても、大きな組織になると経営陣に現場の声が届くにはタイムラグがあり、改善点に手を打とうとした時は時すでに遅し。また社員からの良いアイデアも実現するのに時間がかかり、現場の熱も冷めた状態になりやすいのですが、天草エアラインでは社長や専務と直接話ができるから比較的早い段階で現場の改善ができています。天草エアラインに入社以来、会社を辞めようと思ったことは一度もありません」

最もパイロットらしい仕事ができる航空会社

だが、入社11年目のパイロットである谷本真一機長は「奥島が社長に就任するまでは苦悩続きでした」とも話す。

現在40歳の彼は海外の大学在学中にパイロットの操縦免許を取得したが、帰国しても航空会社のパイロット募集が見つからない。だから塾の先生、ホテルのフロント業務、コンビニエンスストアの店長、さらにはクラブのバーテンダーなど空とまったく関係ない仕事を転々としたのだ。ようやく、同じ地域航空会社である長崎県のオリエンタルエアブリッジの運航サポート業務を経て、天草エアラインに念願のパイロットとして入社する。

奥島が社長になる２００９年以前の天草エアラインについて谷本はこう話す。

「４－２－１体制（１日で天草～福岡４往復、天草～熊本２往復、熊本～松山１往復）の７往復14便体制で最大１日で８フライトを乗務していた時には、とにかく体の負担が大きくて余裕なんてまったくありませんでした。

しかも当時の天草エアラインの空気は私語禁止の雰囲気。オフィスでは経営者が一日中難しい顔をしてて、とてもじゃないけど仕事のことを本音で話せるような会社ではなかったんです。社員同士であっても社内で話す時には言葉を選んでしまう雰囲気があり、社員同士がコソコソ話していることが多かったですね」
　だが、奥島が社長に就任してからは変わった。会社全体が明るい雰囲気に変わり、パイロットが所属する乗員部でもパイロット自身が意見を出し合い業務改善をするようになったという。
「フライトがない日にはパイロットの業務を効率化するために乗員室にある資料をテンプレート化したり、みんなで意見を出し合うことも増えました。改善のアイデアが出れば、すぐにみんなで議論することができ、自分の意見が反映されることも多い。これは絶対に大手の航空会社ではできないことであり、この小さい航空会社だからできるんです。やりがいを感じていつも仕事をしてます」（谷本）
　そう、彼らには小さい航空会社のパイロットならではの業務もあったのだ。それがＦＵＥＬマネジメント（燃料計画）。拠点となる天草空港に就航する定期便は天草エアラインのみだが、この空港は日本でも指折りの離着陸条件が厳しい空港。とにかく滑走路が短く、幅も狭い。しかも夜間の着陸となると滑走路へと誘導するアプローチライトがないばかりかＩＬＳ（計器着陸装置：電波を出して着陸を誘導する装置）もないので、その難易度の高さは並大抵ではない。しかも霧が多い高台に作られた空港のために悪天候で着陸できないケースも多く、着陸を何度かやり直すことも他の空港に比べると非常に多い。そんな空港だからこそ、ＦＵＥＬマネジメントには細心の注意が必要なのだ。

たとえば悪天候時には、燃料の量を考慮しながら着陸できる状態になるまで上空を旋回し再度着陸を試みることになる。それでも天候の回復が見込めない場合には、福岡空港に引き返すか、もしくは熊本空港にダイバート（代替空港に着陸すること）するのかを決断することになるのだが、その判断は残っている燃料次第となる。ダイバートする空港までの燃料があるか？　仮に天草空港に着陸するにしても、着陸に必要な燃料に加えて、次のフライトで天草空港から福岡空港もしくは熊本空港へ向かう燃料は残っているのか？　天草空港には給油施設がなく、燃料の補給ができない。そうしたことを総合的に考えた判断を迫られるのだ。谷本も「私たちは国際線で長距離を飛んでいるパイロットよりもＦＵＥＬマネジメントに対する意識が高いと思います。そういう意味でも天草エアラインは最もパイロットとしてのスキルが問われる職場なんです」と断言する。

そんな厳しい環境で飛行機を飛ばすパイロットたちだが、飛行機から降りれば居酒屋で同席した見知らぬ天草の人たちと笑って酒を酌み交わす別の顔を見せるのだ。乗員部長の山本はそうした地元の人との距離の近さを嬉しそうに話す。

「この会社は本当に地域の方々との心の距離がとっても近い会社だと感じますね。天草エアラインのことだけ専門にブログを書いてくださっている地元の方もいますし、お店に食事に行けば制服なんか着ていないのに『エアラインさん？』と声を掛けられることもありますから。以前の会社ではこんなことはありえませんでした。天草エアラインは本当にこの天草地域の航空会社だと実感しています」

年に数回、天草空港や地元の小学校・中学校で「航空教室」を開催しているが、子供たちにはパイロットの仕事を紹介するだけでなく、仲間の大切さを話すことも多い。整備士やグランドスタッフ、客室乗務員などみんなの力で1機の飛行機を飛ばしており、支え合う仲間がいるからこそ毎日、安全運航で飛行機が飛んでいるということを子供たちに話している。天草の少年がいつの日か天草エアラインのパイロットになる日も近いかもしれない。

◆客室部（キャビンアテンダント）

機内で乗客の案内・サービスをすると共に、離発着時の安全確認などを行う。緊急時には適切な指示を乗客に与える保安要員としての重要な役割も担う。

日本国内で最少。わずか5人の客室乗務員

客室乗務員（ＣＡ＝キャビンアテンダント）は華やかなイメージがあり、彼女たちを主役にしたテレビドラマや映画が数多く作られているぐらいだから、特別な存在として見られているのも仕方がないだろう。しかし天草エアラインのＣＡたちはそうした大手航空会社とはまったく異なる現場で勤務している。まず地域航空会社なのだから国際便があるわけもない。しかも1便に1名の客室乗務員しか乗務していないし、客室部そのものが全部で５人しかいないのだ。これは定期便を飛ばしている国内航空会社では最少の人数だ。

この国内最少人数の客室部を取りまとめているのが部長の太田昌美だ。彼女は２０００年の天草エアライン就航時には予約センターの派遣スタッフだったが、２年目から客室乗務員として正式入社する。

厳しいトレーニングを経てフライトするようになった頃を思い出して彼女は言う。

「一人で飛ぶようになってから毎日がとにかく楽しかった。自分が楽しく仕事をしてたらお客様も楽しい顔をしてくれるじゃないですか、そういう感覚が嬉しかったです」

初フライトから3年、接客が天職だったのかもしれない彼女はどんどん客室乗務員としてのスキルを身に付けて、後輩の客室乗務員を指導する教官の立場を任される。

「あの頃に自分がそれまで積み重ねてきた客室業務に必要な知識を維持するだけではな

く、新しい知識も自分で調べて取り入れていけるようになりました。それでもわからなければたとえ他の部署の人に対してでも聞いて問題を解決してましたね」

彼女自身もこのまま順調に客室乗務員としてのキャリアを積んでいけると思っていた。しかし、２００７年から2年間、つまり厳しいコストカットの時代に大きくつまずくことになる。

それは第1章で書いた２００８年、熊本〜松山線から撤退し、熊本〜神戸線に就航することになった時のことだ。飛行時間が長くなることで負担が増え、オペレーションが難しくなった。ＣＡたちの体のことを思い社長に業務内容の改善を直談判《じかだんぱん》したのだが、返ってきたのはこんな冷たいひと言だった。

「こんなのはよその会社では当たり前だ。お前の文句はそれだけか？」

まったく相手にされずに次々と浴びせかけられる罵声。第1章でも触れたが、前社長と現場社員との間にコミュニケーションはまったくなく、そうした社長との人間関係のストレスから太田は会社を辞める決心をしたことすらあったという。

奥島が社長に就任したのは、客室部がそんな最悪の状態だった頃だ。だから歴代社長との間の確執をひきずっていた太田は奥島のことも最初から信頼することができなかった。奥島が就任して間もない飲み会で奥島と話した時の印象も、

「どっちにしてもこの人も腰掛けだろうと思ってました。（歴代社長の頃に）私たちがどんなにやる気を見せても相手にされなかったように、社長という立場の人には何も伝わらないだろうなぁと。なにを話しても無駄だし、誰が来ても一緒だって諦めていたんです。客室部の仲間たちとも『私たちは私たちだけで、これまでやってきたことを続けていこう』って誓っていたぐらいですから」

彼女たちにそう思わせてしまうほど、社長から自分たちの意見が無視される辛い時間が長すぎたのかもしれない。

しかし、コストや効率のことばかり厳しく社員に言うのではなく、乗客の快適な旅を第一に考えて客室清掃や荷物の積み下ろしなどを自ら手伝う奥島の姿に彼女たちの考え方が少しずつ変わってきた。この社長の下だったら良い仕事ができるかもしれないと。

いっぽう奥島自身も客室部をまとめるのは太田しかいないと確信していた。

「彼女は怒られてもそれをエネルギーに変える力を持っている。だから大きな責任を与えられた立場に立てば、さらなる成長が望めると考えたんです。それに彼女はどんな時でもお客様に喜んでもらえることを第一に考えていましたから」（奥島）

２０１３年、太田は客室部長に抜擢された。

新体制の客室部が生み出した脱サービスマニュアル

太田が最初にしたことは機内サービスの見直しだった。たった5人しかいないぎりぎりの状態でのサービスについて、ほかの客室乗務員たちもまた自分たちが本当に快適な空の旅を乗客に提供できているのか自信が持てずにいたのだ。そもそも天草エアラインの便は天草〜福岡、天草〜熊本、熊本〜大阪（伊丹）の3路線のみで、飛行時間も短すぎるから空の旅ではおなじみのドリンクサービスを提供する時間すらない。1時間25分間の伊丹線でのみ菓子と紙パックのオレンジジュースを配る程度だ。

前にも書いたように同社の飛行機は39人乗りのカナダ・ボンバルディア社製の飛行機DASH8だけで、CAは1フライトに1名のみ（航空法の決まりで50名以下の飛行機は1名の客室乗務員と2名のパイロットで運航可能）。だから、それぞれのCAは乗客の安全で快適な空の旅について全責任を負っていたので、なおさら自分がちゃんと快適な旅を提供できていないかもしれないという不安も強かった。

太田が客室部長に就任する前の天草エアラインでは客室部長につくのは大手航空会社で経験を長く積んだ人ばかりで、そこで培ってきたCAはこうあるべきだという固定観念にとらわれていた。だから地域航空会社である天草エアラインらしさを発揮するような目立ったサービスは考慮さえされずにきたのだ。

しかし太田は天草エアライン一筋のプロパー社員としては初めての客室部長。これまでの大手航空会社出身者とはまったく違った方針を打ち出したのだ。

「制約を設けずに客室乗務員自身の裁量で自由に接客をする。その内容については客室乗務員の個性にあわせる」

部下である４人のＣＡに話したこの提案は、奥島からも「役職を与えた以上は社員の自主性を重んじるのが私のやり方です」と快諾をとりつけて即座に実行された。

この現場での自主判断が発揮されたからこそ生まれたエピソードにこんなものがある。大阪の伊丹空港から熊本空港への便で天候が悪く、いつまでもシートベルトサインを消灯できなかった時のことだ。これでは同路線のみで行われているドリンクサービスを提供することができない。そこで客室乗務員が取ったマニュアルに縛られないサービスがリレー方式でドリンクを配るというアイデア。

「本日は天候が悪く、シートベルトサインが消えない状況が続いています。このままですと皆様にオレンジジュースを配ることができません。そこで皆様にお願いがございます。紙パックを後ろの席の方に回していただきたいのです。ご協力をお願いします」

そうアナウンスをしたところ客席から大きな拍手が起きて、乗客全員の協力のもと無事にドリンクサービスをすることができたのだ。これはもちろん39席の飛行機だからできたサービスだが、客室乗務員の自由裁量を尊重する会社だからこそ実現したマニュアルにしばられないサービスでもある。

シートポケットには手作り機内誌とＣＡたちのプロフィールが!?

「少しでもお客様に機内での時間を快適に過ごしていただきたい」というのが客室乗務員全員の一致した考えだった。そのために部長の太田を中心にして5人のＣＡがフライトの間を縫ってアイデアを出し合い、自分たちだからこそできることとは何かをじっくり話し合った。

そして生まれたのがシートポケットのファイルに閉じてある①客室乗務員お手製の機内誌、②自分たちのプロフィール紹介、③同じくお手製のフライトマップの3点セットの充実だ。大手航空会社などでは当たり前に準備されている豪華な機内誌が存在しない天草エアラインにできることを考えぬいた結果がこれだった。この3点セット、短いフライト時間では読み切れないほどの量がある。

まず天草エアラインの機内誌「イルカの空中散歩」。これは就航間もない頃から作られており、2016年2月で182号を積み重ねている。大手の航空会社のように制作を外注する予算もないから客室乗務員による手作りなので、最初の頃の機内誌は業務の合間に片手間で作ったチラシのようなものだった。「私たちができることは、お客様を楽しませること」が持論である太田は、まずこの機内誌の改良を進めることにしたのだ。

「改良しましょうって漠然と提案するだけだと皆も『誰かが改良してくれるだろう』って考えてしまうじゃないですか。だから最初の1年間は号ごとに担当者を決めて、それぞれに中身を考えてもらったんです。どうしても手がいっぱいになって作れなくなった時には空いている人がいれば手伝うように仕組みを作ればいいんですから」（太田）

各号ごとに担当客室乗務員が責任を持つようになった機内誌の中身だが、それは決して既存の観光案内やどこかのガイドブックの丸写しなどではない。フライトがない時にCAが自分の足で取材をして執筆・編集作業まで担当するのだ。まさにすべての責任をもって。もちろん使われている写真も自分たちで撮影しており、すべてが手作りなのである。なんだか小学生の頃に遠足で配られた手書きの〝旅のしおり〟のような温かい機内誌だ。ちなみにこの機内誌は利用者の要望もあり、バックナンバーも含めて天草エアラインのホームページから見ることができる。

そして同じく手作りで乗客から支持を受けているのが、CA5人の顔写真つきで名前や趣味などの書かれている今や天草エアラインの名物となったプロフィール紹介だ。これは歴代社長にも太田が提案していたものだが、「そういうのは個人情報にあたるからやめろ。客室乗務員がそんなことをしなくていい」と一喝されたアイデアでもあった。しかし奥島からは「何でもしていい」と言われていたので「いちどは否定されたこのアイデアを実現させよう」と太田は思ったのだ。

その結果、大手航空会社では個人情報の取り扱いが面倒になっているためにCAの本名を発信しないところが多いなか、天草エアラインはフルネームを使ったあいうえお作文で本名だけでなく性格までも惜しげもなく披露している。そのおかげで話しかけにくい存在だと思われがちだった客室乗務員を身近な存在として感じることができ、乗客にとっても彼女たちとの会話のきっかけにもなっているようだ。

たとえば2013年の秋冬号での太田のプロフィール紹介はこんな感じだ。

部長の太田昌美の場合
お：おやじギャグはお手の物
お：おっちょこちょいで慌てん坊
た：たまに見せる女性らしさは、周りの男に気色悪がられ
ま：まったく　ど～かしてるぜぇ～
さ：寂しいなぁ。今夜も独りで手酌酒。酒は心の美容液

み：見かけだけでわかる、ぽっちゃりお腹がチャーミング♪

若手の村上茉莉子《まりこ》の場合だと

む：無趣味解消
ら：ラウンドはまだですが、ゴルフ真剣に始めました
か：買い物しすぎ！　と言われても
み：右から左へ受け流し
ま：毎回、大人買いでストレス発散
り：立派なCAには、まだまだですが
こ：これからも元気いっぱい頑張ります

このような形のプロフィール紹介で客室乗務員全員の名前や性格を乗客に伝えることについて太田はこう話す。

「たった30分以下のフライトでは39人の乗客全員とは話せません。だから私はこんな人間ですというのを紙で紹介してみようと思いました。このプロフィール紹介を見てもらえば『あそこに座っている今日の客室乗務員はこういう人なんだ』って思ってもらえるじゃないですか。天草エアラインに親しみを感じていただくためにも狭い機内が作り出

すお互いの距離の近さを利用しない手はありません」

三つめの飛行機がどのような経路で飛ぶかを示すルートマップも手作りで、各路線ごとにＡ４サイズにまとめられている。夏バージョンと冬バージョンがあるのだが、どちらも実際にフライトしている客室乗務員が機内から見えた景色を白地図に書き込んでいき、最終的にはＣＡ全員のマップを合体して完成となる。だからこのマップにはＣＡ全員の手書き文字が書きこまれており、色塗りも手作業という客室乗務員５人が力を合わせて作った力作だ。

このルートマップにも乗客との距離の近さを象徴するエピソードがある。完成したルートマップを見た乗客から「私はここの出身なんですが、河口はここではないんです」といった地元の住人ならではの指摘を受けることも多いというのだ。そうした声を受けて次のマップに反映すると、直してもらえたことへの喜びの声も多く届くという。

「それ以外にもお客様からの要望で熊本〜伊丹線のルートマップに別名ＤＡＳＨ島（日本テレビ系『ザ！鉄腕！ＤＡＳＨ!!』のロケが行われた島）と呼ばれる瀬戸内海の由利《ゆり》島《じま》を加えたり、手作りだからこそ試行錯誤しながらお客様と共にこの地図は進化しているんです」（客室乗務員・山口亜紀）

次々と天草エアラインらしいサービスを打ち出していった太田だったが、そのアイデアにも限界はある。しかし奥島は「もっと新しいサービスは考えつかないのか？」とプレッシャーをかけてくる……。

そこで思いついた苦肉の策が「天草エアラインの利用者にアイデアを聞いてみよう」というものだった。

航空会社が乗客の意見や要望を聞くことはあるが、具体的な機内サービスのアイデアを募集したという前例はない。それでも彼女は機内にアイデア募集の紙を搭載し、乗客のアイデアを集めることになったのだ。その時も社長の奥島に対してはこう宣言をした。

「何でもしていいんですよね？　私たちだけで考えても限界があるけれども、お客様からの言葉には新しいアイデアのヒントがあるかもしれない。なので機内でアイデア募集をやります！」

もちろん奥島がそれを止めるわけがなかった。実際に機内で配られた文面がこれだ。

「皆さま、こんにちは。いつもご搭乗ありがとうございます。さて、今回皆さまにお願いがあります。天草エアラインだからこそ出来る!!　機内でのサービスを大、大、大募集しちゃいます」

まるでバラエティ番組の企画募集のようだ。この結果、寄せられた声の中には「太田CAに天草弁で機内アナウンスをしてほしい」という地域航空会社ならではのものから「コスプレはできないのですか?」などといったきわどいものまであったのだが、それを無視したりはしなかった。逆に「こんな意見を頂きました」と発表することで機内をなごませるネタとして活用したのだ。ちなみに天草弁での機内アナウンスの方はちゃんと実現している。手作りのルートマップもそうだが、乗客を天草エアラインの機内サービスに巻き込んでいく流れが自然にできたのだ。そしてそれを可能にしているのが天草エアラインの観光バスガイドのように親しみやすいCAたちなのだ。

「奥島さんが社長になってなかったら、こんなに自由にはできなかった」

天草エアラインらしいサービスを打ち出せた理由について、そう太田は断言する。

もちろん奥島は自由放任で仕事をさせているわけではない。ひとたび業務において問題が発生すれば精神論でなくて技術的な改善策を説明しろと言われる。「もう1回、業務を見直して頑張ります」というのは奥島の前では通用しない。「そんなの何にも解決になっていない。ちゃんとした理由は何なのか説明しろ」というのが奥島流だった。そして問題解決策にも早急さが求められる。繰り返し「解決策は決まったか」と聞いてくるしつこさも奥島らしかった。しかし太田は会社のトップである奥島が自分にかまってくれること自体が嬉しかったという。
「たしかに奥島さんはストレートに意見を言ってきますが、人の心に土足で入るようなことはしない。スリッパを履いて入ってくる感じ。いろいろと言ってきますけれども、根底には『愛』があると感じられます」（太田）
奥島によってもたらされた責任を伴う自由裁量。それが自分に与えられた意味をちゃんと理解していた太田だからこそ、天草エアラインにしかできない機内サービスの形を作り上げられたのだろう。

そして天草エアラインの社員であることが彼らの誇りに……

「こんな活気のある忘年会は久しぶりですね」

創業時から天草エアラインを支えてきた社員の多くがそう口を揃《そろ》えた。これは奥島が社長に就任した２００９年の12月、天草市内の居酒屋を借り切って行われた忘年会でのことだ。この数年、天草空港以外の場所にほぼ全社員が集まることはほとんどなかった。前年まではあらゆる経費のコストカットが続き、社員の多くに会社への不満だけが高まっていたために忘年会を企画しても若手社員はもちろん、ほとんど人が集まらなかったのだ。

しかし奥島社長が築いた新体制、乗客に安全に利用してもらうために社員一人ひとりの声を聞き入れ責任を感じてもらうという基本姿勢が社員たちの会社への気持ちを変えた。自分たちの仕事がコストカットのためではなく乗客の喜びのためにあるのだから仕事のやりがいも大いに感じられた。

宴会が終盤に差し掛かり、社員の盛り上がりも最高潮になっていた。奥島が自ら企画したビンゴ大会が始まったのだ。当たるのは液晶テレビやプレイステーション、ｉＰｏｄといった豪華賞品。これは1年間会社のために頑張ってくれた社員へ奥島からの感謝の気持ちでもあった。賞品が当たった人も当たらなかった人も、みんなが笑顔になる光景からは社員の会社に対する思いが変わったのが伝わってきた。

そう、天草エアラインの全社員がひとつのチームとして動き出したのだ。

そしてチームになったのは社員だけではない。社員の家族もまた会社からの感謝を込めて開かれるバーベキューパーティーなどを通してチームの一員となっていったのだ。

「社員が家族に対して自慢できる会社になった」

そう多くの社員が語っているのは、天草エアラインが家族に対する気遣いを忘れなかったのと同時に、地域からの信頼も取り戻し始めていたからだ。奥島社長の体制では地元のお祭りやマラソン大会などのイベントにも社員が積極的に参加するようになったのだ。また、奥島自身も地元との付き合いを最優先にし、趣味の海釣りを通じて地元に溶け込んでいった。スタイルだけの付き合いや名刺交換だけの人間関係ではなく、ともに本気で話し合い遊びあえる人間関係だったからこそ、地元からも奥島社長の天草エアラインを応援していこうという動きが起きていた。

こうした地元との関係を大切にした成果は数字としても現れた。搭乗率は奥島が社長に就任する前年（２００８年）の50・３％から２００９年は53・８％までに上昇している。営業を強化したことに加えて、システムの改修によるインターネットでの予約開始の効果がはっきりと数字になって現れたのだ。従来の予約センターでの予約では日中の営業時間内でしか予約ができなかったが、インターネット予約になったことで、24時間いつでも予約可能となり、出発日直前での予約の数も大いに増えた。もちろん広告宣伝費を投入したことで、初めて天草エアラインを利用する層が加わった効果も見逃せない。

さらに補助金で整備費を負担してもらうことによる整備効率の向上や、１日14便体制から10便体制になったことで機体運用に余裕ができたこともあり、就航率（欠航しなかった率）も、２００８年の94・９％から２００９年は97・４％に上昇した。運航が安定してきたことにより、悪天候の時を除けば飛行機の基礎となる安全かつ時間通りに飛ばすという当たり前のことができるようになったのだ。乗客からの信頼を取り戻すためにもこの改善は大きかった。

たしかにインターネットでの予約や就航率の向上、さらには遅延が少ないことは大手航空会社にとっては当たり前のことである。だが、これまでの天草エアラインはこの当たり前のことが当たり前にできていなかったのだ。しかも利用者が減って経営状況が苦しくなった時に経営陣がコストカットしか考えなかったために航空会社としての最も大切な使命、時間通り安全に運ぶという業務が二の次になっていたのだ。

しかし奥島が社長になり、天草エアラインは地域航空会社としての初心に戻った。社員全員が地元の利用客にとって何が大切であるのかを考えた。そうした当たり前のことを当たり前にするだけでも会社は大きく変わる。もちろんそれは簡単に見えてじつに難しいことだ。長年の常識を打ち壊さなければならないのだから。しかし奥島社長のもと社員一人ひとりがその〝当たり前のこと〟にこだわったからこそ2009年は8期振りに単年黒字を達成したのだ。最大4億8000万円あった累積赤字を減らすことに成功し債務超過を免れることができたのだ。

そして地元を味方に付けて業績アップを達成した翌年、天草エアラインがさらなる前進を続けるための強力なサポーターが天草の地に降り立ったのだ。

第4章　社外からも強力なサポーターが

2010年～
小山薫堂とパラダイス山元の登場

◆小山薫堂

「天草エアラインは天草の大きなメディア」

「非常勤取締役として天草エアラインを手伝ってくれませんか？　お金はご用意できませんし、航空券も出せないのですが……」

当時の天草市長だった安田公寛《きみひろ》が最悪に近い条件で非常勤取締役を依頼したのは数々のヒット番組を仕掛けてきた放送作家の小山薫堂だ。熊本県のゆるキャラとして大成功した「くまモン」の生みの親としても知られるヒットメーカーの彼に、安田市長は天草エアラインに新しい風を吹き込ませたい一心で非常勤取締役をお願いしたのだ。なぜこんな虫のいい話を依頼できたのか？　それは小山がほかならぬ天草の出身だったからだ。

天草市長は出資する行政の長としての立場に加えて天草エアラインの副社長も兼務しているのだが、その安田自身も設立に携わっていたから天草エアラインへの思い入れも深い。そんな故郷からの熱い思いに応えて２０１０年に小山は非常勤取締役にボランティアの形で就任したのだ。

非常勤取締役に就くにあたって小山は天草エアラインをこう捉えていた。

「天草エアラインは、天草の大きなメディアである」

移動手段というだけではなく、天草のさまざまな情報を広げていくためのメディアなのだと。

そこでまず小山は、天草エアラインがどのような情報発信をするべきか考えた。現代はＷｅｂを使った会社の情報発信が当たり前になっている時代だ。しかしＷｅｂを立ち上げる予算はゼロ。ならばお金をかけずに情報発信できるＳＮＳ（ソーシャル・ネットワーキング・サービス）を活用しない手はない。小山はすぐに社長の奥島にＦａｃｅｂｏｏｋの活用を進言し、２０１１年９月に天草エアラインの公式Ｆａｃｅｂｏｏｋページがオープンした。それ以来ここでは朝の天草空港の様子をはじめ、機体洗浄をしている写真、出発準備中の客室乗務員の笑顔、ＰＲイベントのレポート、地元のイベント情報、そして天草エアライン便の運航状況などあらゆる情報を発信することになった。

Ｆａｃｅｂｏｏｋの強みは、九州エリアだけではなくて全国、さらには全世界へ向けて情報発信ができることにある。飛行機は出張が多いビジネスパーソンや一部の旅行好きでないかぎり乗るのは年に１回あるかないかが一般的で、それ以外の時で航空会社と接することはほとんどない。一部の路線しか飛ばない地域航空会社ならば、その傾向はなおさらだ。しかしFａｃｅｂｏｏｋで発信される情報に触れてもらえば、年に1回、数年に1回、あるいはまったく利用したことがない人にとっても身近な航空会社となり、天草エアラインに乗った時に「帰ってきた」という気持ちになってもらえる。

天草エアラインの基地である天草空港にも小山のアイデアが形になったものがある。天草空港には日本で最も小さな空港図書館「みぞか図書館」があるのだが、この図書館は東北芸術工科大学の教授でもある小山の教え子のアイデアなのだ。

「私のゼミ生が卒業制作で『本が旅をする』をテーマに企画してくれました。国際線の機内に空の図書館を設置、本が成田からニューヨークへ行って、また戻ってくる。そうなると地球何周分を本が旅をすることになるという夢のある話。大手航空会社にも提案したのですが、オペレーションが難しいということで実現には至りませんでした。

そこで企画を修正して、天草エアラインで天草空港に着いた旅人に本を貸し出し、それを持ちながら旅をして帰る時に返却するという企画を天草エアラインに出したのです」（小山）

残念ながら本そのものの管理上の問題で実際の貸し出しはできず空港内で読む形式になったが、天草空港の利用促進協議会の尽力もあって、２０１５年2月に天草空港内に図書館がオープンしたのだ。飛行機関連の書籍が中心になっているが、図書館を開設してから4ヵ月後には利用客が天草エアラインに贈呈した天草エアラインのフォトブックも展示されるようになり、みんなで作っていく空港図書館になったのだ。

この図書館には空港ターミナルを少しでも活気あるものにしたいという小山のメッセージが込められていた。そして天草エアラインというメディアを使った新しい企画を社員たちからもどんどん出してほしいと話す。

「社員の一人ひとりのアイデアを出して、それを実現するようなコンペティション的なものを社内でもっとやってほしいと話してます。ある社員からはセキュリティチェックで警報音を鳴らすかわりに、山口百恵の『プレイバックPart2』のフレーズ、〝ちょっと待って、プレイバック　プレイバック♪〟を流すというアイデアが出てました。くだらないけど楽しいじゃないですか。そういう小さな仕掛けをどれだけ積み重ねていくことができるかを、アイデアを出す人が楽しみながら考えていくことが大切だと思います」（小山）

テレビ番組の企画として機体の新デザインを募集

2012年、小山のところに当時の社長だった奥島から連絡があった。1機しかない飛行機の機体デザインの塗り替えを考えており、そのためのデザイナーを紹介してくれないかというものだった。奥島としては自社の機体を高名なデザイナーの手に委ねることで話題を集めたいという目論《もくろ》みがあったのだ。

「東京のデザイナーは高いですよ！　奥島さんいくらの予算があるんですか？」

そう聞き返す小山に対し、奥島は自信をもって準備していた金額を告げる。

「デザインフィーだけで予算は1000万円あります」

これだけ準備すればなんとか大丈夫だろうと奥島は考えていたが、ぎりぎりかもしれないという不安もあった。しかし小山から返ってきたのは思いもよらない言葉だった。

「1000万円もあるんですか！　その1000万円をデザイナーに払うのはもったいないですよ。デザインの料金というのはあってないようなもので、1000万円だからいいとか、10万円ならちゃちいということはないのですから。それに飛行機のデザインを手がけることはデザイナーにとってはお金とは関係なく夢の仕事なんですよ。

そうだ、私に1000万円を預けていただけませんか？　テレビでデザインを募集するイベントをしかけますよ」

その時に小山は1000万円あれば番組が作れると考えたのだ。小山がプロデュースするBSフジ『東京会議』ならばロケ費用も番組予算でまかなえるし、デザインコンテストの賞金で100万円を使ったとしても900万円残る。通常のテレビ番組であればドキュメンタリーを1回にまとめることが多いのだが、東京会議ではその過程を随時放送するから複数回にわたって天草エアラインのことをアピールできる。

説明を聞き、奥島は新デザインを小山に委ねることを決心した。

こうして「天草エアライン　デザインコンペティション2012」は始まった。

まず小山は、懇意にしている松任谷正隆に音楽を作ってもらい、写真家のハービー・山口に写真を撮ってもらって天草で写真展を開いた。次に機体デザインコンペティションの審査員も考えなければならないのだが、すぐに思いついたのはクリエイティブデザイナーの水野学。そしてもう一人誰か番組的にも明るい人が欲しいと思ったところで思いついたのがパラダイス山元。彼は飛行機に乗るのが大好きで、当時1年間乗り放題300万円のANA「プレミアムパス」を自腹で購入したほどだ。しかもかつて富士重工でスバルのデザイナーをしていたこともあり、今回の審査員には適任の人物。パラダイス山元も審査員を快諾、メンバーが揃ったのだった。

そして親子イルカが空を飛ぶ

2012年4月21日放送の『東京会議』で、審査員全員で天草エアラインの新デザインについて意見を出し合い、方向性は「デザインにイルカを使う」「デザインに小さな仕掛けを加える」「乗らない人も楽しめる仕掛けのあるデザイン」に、募集については「プロのデザイナーまたはデザイナーを目指す学生によるコンペ形式」などといった形で動き出した。

こうして始まったデザインコンペだったが、小山がここで考えていたのは単に天草エアラインの売り上げを上げるためのデザインではなかった。

「この飛行機が天草の人々のマスコットになればいいと思っていたんですよ。じつは天草で暮らしている人は、陸路よりも運賃が高いから、あまり天草エアラインに乗る機会がないんです。だったら天草の人にとってこの会社がどうなるべきかと考えた時に、頭の上を飛んでいくと思わず手を振りたくなったり、飛行機を見てかわいいなぁと思ったり、乗らない人も笑顔になる航空会社になってほしいなと。飛んでいる飛行機に愛着を感じてもらい、島のアイドル、マスコットになったらもっといいと思ってました」（小山）

コンペには合計269点もの作品が集まった。中には高校の美術部の高校生たちからのまとまった応募もあった。その中から最終選考作品は7点に絞られ、最終プレゼンテーションを開催。審査員の小山、パラダイス山元、水野学、そして奥島社長も参加し、応募者本人のプレゼンテーションによってデザイナー横田青史の作品、機体に描かれた親子イルカと一緒に空の旅を楽しめる「イルカ12号」が最優秀賞に選ばれた。
「イルカ12号」の機体デザインは那覇空港の整備場で約1週間かけて塗装が施され、２０１３年２月、ついに「みぞか号」としてお披露目された。ちなみに「みぞか」とは天草の方言で「かわいい」の意味。その名の通りかわいいイルカが描かれたみぞか号には、じつは隠れくまモンが描かれていて航空マニア心をくすぐってくれる。離陸直後にタイヤを収納する際に右側の窓側からのみ見ることができる仕掛けなのだ。

２０１３年２月24日。快晴の熊本空港でみぞか号はお披露目の時を待っていた。
お披露目イベントでは機内に松任谷正隆のオリジナルテーマソングが流れ、記念すべき先着20名の「プレミアムフライト」では、天草の有名寿司店「奴寿司《やっこずし》」の折り詰めが機内食として提供されるなど、天草出身の小山ならではのアイデアが詰まったものになっていた。
「天草エアラインも天草の人たちも、全国の航空ファンもみんながハッピーになれたイベントでした」（小山）
そんな小山の言葉の通り、天草エアラインの社員たちもまた新デザインの機体を見て、自分たちの会社への思いを新たにしていた。

「天草エアラインという航空会社だったらなんでもできる」

みぞか号は就航と同時に「かわいい飛行機が飛んでいる」と全国的にも話題となり、天草エアラインは知名度を上げていった。

「最近の天草エアラインについて、マスコミで取り上げられる機会が増えましたが、それと共に社員の意識が本当に変わったと思います。多くのメディアの方が取材に来てくださり紹介していただくことによって、社員の中にも誇りが生まれてくるという凄《すご》くいい相乗効果があったのではないでしょうか」（小山）

そう、多くのマスコミから注目されることで、天草エアラインは単なる地域航空会社以上の存在になろうとしていたのだ。

しかもこの会社には大手航空会社が持っていない強さがあると小山は言う。

「天草エアラインでは社員が全部の仕事をするから強いんです。まさにマルチタスクですよ。みんなで機体を洗い、みんなでセキュリティチェックをして、みんなで会社の将来を考えている。しかも部署や役職に関係なくやっているんですからね。こんなことは大手航空会社では考えられません。天草エアラインは全員が社長なんです」

全員が社長とはどういうことだろう？

「社長というのは社内のことをあらゆる立場から物事を考えますが、今の天草エアラインの社員はみんなそれができているんです。自分の部署のことだけを考えずに会社全体のために動くことができているんですよ」

部署の枠に縛られず、会社全体のことを社員全員が考える。それはひとつの理想的な中小企業の姿かもしれない。

「天草エアラインは天草を伝えるメディア」だという思いで動いてきた小山だが、今後はどのような動きを考えているのだろうか？

「天草エアラインが天草のメディアとしてアクションを起こすことが話題になるためには、もっと天草市民との距離を縮めていかなくてはなりません。つまり天草に来る人にとって一番わくわくする玄関口に天草空港がなったらいいなぁと思う。

そのためにも市民が空港をもっと上手に利用したくなる仕掛けが必要かもしれません。たとえば天草空港のターミナル前に大きな芝生があるんですが、そこを夏季限定でビアガーデンにするとか。空港ターミナルや空港周辺の敷地を活用すれば天草エアラインはもっと面白いことが沢山できる航空会社だと思いますよ」

実現したらぜひ空港へ行きたくなるようなプロジェクトだ。しかし小山が持っている天草の人たちと一丸になって実現したいアイデアはそれだけではない。

「たとえば天草を日本で一番ヒッチハイクしやすい島にしたいですね。天草はバスが1時間に1本程度しかないけれども、そのかわりに島民が困っている人からヒッチハイクされたくてしょうがないという空気を生み出したい。たまたま空港へ遊びに来ていた地元の人が、市内へ帰る時に空港ターミナルから出てきた初めて会った人をそのまま乗せていくイメージです。そうやって天草の人たちのおもてなしを感じてもらうことで天草の良さを知ってもらいたい」

そして夢の計画として教えてくれたのが水陸両用飛行機の導入だ。

「水陸両用飛行機を導入して熊本空港から天草の古い教会群がある﨑津湾に降りるんです。あそこには野生のイルカがいますから、まさに〝イルカとイルカの飛行機の共演〟じゃないですか。そして天草の南西部にある羊角湾《ようかく》に高級なリゾートを作って、訪れた人たちにはそこに滞在してもらうんです。天草空港から近いホテルアレグリアガーデンズ天草の前に海水浴場があるんですが、そこをイルカの天然いけすがある海水浴場にしてもいい。天草はイルカを追い込むのではなく、イルカがついてくる場所。イルカの飛行機に乗って来てもらったら、天草はまさにイルカ三昧の旅を楽しめる場所になるじゃないですか」

それは天草エアラインが天草の素晴らしさを伝えるメディアとしての力を存分に発揮できる計画そのものだった。

◆パラダイス山元

天草を〝サンタクロースの島〟に!?

「天草はキリスト教が禁教だった鎖国時代もクリスマス（霜月祭《しもつきまつり》）を欠かさずに祝い続けていたんです。だから日本国内でサンタクロースのイベントをするのに最もふさわしい場所だと思ったんですよ」

そう話すのは小山薫堂の依頼で天草エアラインの機体デザインコンテストの審査員を務めたパラダイス山元だった。彼はマンボミュージシャンをはじめ、入浴剤のプロデュース、さらには完全会員制の餃子《ギョーザ》店「蔓餃苑《まんぎょえん》」を主宰するなどさまざまな方面で才能を発揮している人物だが、じつは日本で唯一のグリーンランド国際サンタクロース協会の公認サンタクロースでもあるのだ。そんな彼が機体デザインコンテストを機に天草を初めて訪れた際、社長だった奥島の運転する車での天草観光で﨑津教会や大江教会といった歴史的な教会群を回った時に鎖国時代にもクリスマスが行われていたということを知った。

それがきっかけとなり、小山とともに世界中のサンタクロースを集めたイベント「世界サンタクロース会議in天草」の企画を立ち上げたのだ。その第１回は２０１３年９月に開催された。このイベントの開催にあたり、天草エアラインを積極的に押し出すためにさまざまな露出方法も考えていたのだ。

「この世界サンタクロース会議はもっと天草エアラインに人を乗せたいという思いから生まれました。だから開催されるのも空の日（９月20日）がある９月のイベントになるように企画したんですよ」（パラダイス山元）

まず、ポスターにはサンタクロース姿のパラダイス山元と、小山が手がけた「くまモン」がサンタクロースに変身した「モンタクロース」が天草空港の滑走路をバックに肩を並べる一枚。そして、話題づくりの一つとして世界各国から日本にやってきたサンタクロースを乗せた飛行機を「サンタ特別便」として運航するという仕掛けも準備した。

世界中から総勢20人のサンタクロースがやってくる天草空港には、サンタ特別便の到着を待つ多くの地元の人が早い時間から集まっていた。普段満車になることがない天草空港の駐車場が埋まり、空港周辺の空き地に車を停《と》めるくらいの人が押し寄せた。熊本県内のテレビ局、ケーブルテレビ、新聞記者も沢山取材に来ている。その盛況ぶりは創業時から天草エアラインで働いている社員が「２０００年の天草空港開港以来のことだ」と驚きの声をあげたほどだ。

そして天草空港にサンタクロースを乗せた「サンタ特別便」が着陸し、展望デッキからは大きな歓声があがる中、世界のサンタクロースが次々に降り立ったのだ。そしてサンタ一行は空港近くの公園で行われたサンタクロース歓迎セレモニーで迎えられ、翌日の世界サンタクロース会議in天草も大成功に終わったのだ。この第1回世界サンタクロース会議in天草によって、天草はアジア初となるサンタの聖地「サンタクロースが来る街」としてグリーンランド国際サンタクロース協会から公認されることになる。

沢山の人を集めたこの天草の新しい観光イベントについて、パラダイス山元はこう話す。

「サンタのイベントを開催したことは天草に一つの歴史を作ったのではないかと思いますよ。今までの天草は、天草四郎のイメージしかなかったじゃないですか。それだけにサンタクロース会議が開かれる島としても新しい歴史が作れたことは大きいのではないでしょうか。きっとこのイベントは将来にも受け継がれていきますよ」

1日10フライト乗りっぱなし運賃を提案

サンタクロース会議をきっかけに天草を頻繁に訪れるようになったパラダイス山元は、奥島にある提案をした。

「天草エアラインの飛行機に1日乗りっぱなしできる運賃を作ってください。空港からは出ずに1日10区間を乗り続けるんです。飛んでいる高度も低く、エンジン音も迫力があるから一日中ずっと乗っていたいという航空ファンはたくさんいるんですよ」

自身も筋金入りの航空ファンだからこそ思いついたこのアイデアは、初めて天草エアラインに乗った時から考えていたことでもあった。

「県や市町村が出資する第三セクターの企業体質の会社からは、販売のアイデアは出にくく、しかもマーケティングに秀でている人がまずいない。だから安い運賃を販売するだけではない新しいアプローチで提案してあげたかったんです。飛行機は乗客の人数によって大きく燃費が変わることはない。それなのに閑散期に空席で飛ぶのは仕方がないという考え方が常態化していることに衝撃を受けたんですよ。空気を運ぶくらいなら、とにかく誰かに乗ってもらえる方法を考えたいと」（パラダイス山元）

一日乗りっぱなしというアイデアはANAが２００８年に発売した「プレミアムパス」から生まれた。これはANAの国内線上級クラスである「プレミアムクラス」に１年間乗り放題というチケットを３００万円で販売したのだ。到着地での観光よりも飛行機に乗っていることが大好きなパラダイス山元はこれを自腹で購入、１年間で１０２２回も搭乗していた（その体験談は『パラダイス山元の飛行機の乗り方』〈ダイヤモンド社〉という本になっている）。最高で1日11フライト（羽田↓伊丹↓高知↓伊丹↓福岡↓

五島福江↓福岡↓対馬↓福岡↓羽田↓千歳↓羽田）に搭乗して毎日を飛行機で過ごした1年間だったのだが、これを天草エアラインでもっと気軽にできないかという発想だった。

天草エアラインを使えば、天草↓福岡↓天草↓熊本↓伊丹↓熊本↓天草↓福岡↓天草↓福岡↓天草という10フライトを1日で、それも1機の飛行機で巡れる。かわいいイルカの飛行機、そしてボンバルディアという窓から地上の景色を見渡せるプロペラ機を目当てに沢山の人が集まると彼は確信したのだ。

しかし天草エアラインの側には一つのトラウマがあった。それが「みぞか号」の塗り替え前後に発売した2日間乗り放題3万円の乗り放題チケットがわずか3枚しか売れなかったことだ。奥島からも「そういう企画は以前にもやったことがありますけれども、たった3人しか買わなかったですよ」と説明された。しかしパラダイス山元の気持ちは変わらない。「2日間の乗り放題なんて誰が買うんですか、そんなもん。失敗したのは企画が悪いだけでしょ」と奥島にはっきり言い返した。

1機しかない航空会社ゆえに大阪へ行ったとしても乗った飛行機で帰らなければならない。飛行機がメインなのか、到着地での観光がメインなのか。ターゲットを一つに絞れていなかったことに敗因があると喝破したのだ。

そしてこの商品の詳細についても説明した。

「乗りっぱなしチケットは1万円で販売しましょう。これは搭乗率を上げて儲けるためというよりは、会社の知名度をアップするための商品です。座席数を限定すれば一般のお客様に迷惑がかかることもないでしょうし。そして全区間乗らなかったらペナルティを科してゲーム性も加えます。飛行機は空席で飛んでも1円にもならないのですからやるべきですよ」

それでも奥島や営業部長の川崎の絶対に売れないという考えは変わらなかったのだが、最後にはやらないよりはやってみてから考えようと発売が決定したのだ。「パラダイス運賃」と名づけられた運賃設定は天草発の10区間で1万5000円、福岡発の8区間で1万円だった。

紆余曲折《うよきよくせつ》ありながら2014年1月〜3月の期間に発売されたこのパラダイス運賃。これを盛り上げるための秘策もすでにパラダイス山元は考えていた。「パラダイス運賃」利用者は、専用バッジを胸につけて10区間のフライトをするのだ。だから天草エアラインの社員はバッジをつけている人に「最後まで頑張ってください」と声をかける。また機内では前半の6フライト、そして後半の4フライトは同じ客室乗務員だからいつの間にか身近な存在になっているのである。さらに同じチャレンジをしている人同士でも仲良くなり、チャレンジャー同士で友情までも芽生えてしまう。そして全フライト完了後には奥島社長とパラダイス山元の名前が入った搭乗証明書がプレゼントされるおまけ付きだ。

天草エアラインとしては「50枚程度が売れれば合格ライン」と見込んでいたのだが、終わってみると１９０枚も売れる大ヒットを記録。収入的にも約２００万円近い売り上げとなり、搭乗率アップに大きく貢献した。

売り上げの約２００万円というのは、もともと天草に行こうと思っていた人ではなく、単純に天草エアラインに一日乗りっぱなしをしたい人からの収入。小山が目指していた天草エアラインに乗ることを目的に来てくれた貴重なお客様ということになる。この成功は閑散期の集客に悩んでいた天草エアラインの救世主となったのだ。

ＰＲが超へたくそな航空会社からの脱却を！

そしてこのパラダイス運賃は天草エアラインの絶好のＰＲ材料にもなったのだ。パラダイス山元は当時の状況をふまえてこう話す。

「いままで残念だったのは天草はＰＲが超へたくそだということ。あんなに面白い飛行機を飛ばしているのに、その魅力をみんなに知ってもらう必要性を社員の誰もわかっていなかったんですよ。天草エアラインのみぞか号は動くＰＲ媒体なのに、どこを飛んでいるのかとか、どんなことをしているか天草以外の地域の人には知られていなかったわけです。だけど今という時代は乗ってくれた人が広告塔。つまり一人でも多くの人に乗ってもらうことが会社のPRにも繋がるんです。乗ってくれた人たちは自らＦａｃｅｂｏｏｋやＴｗｉｔｔｅｒなどを使って情報を広げてくれるのですから」

さらに航空メディア関係者との繋がりも強いパラダイス山元は彼らに「パラダイス運賃」を積極的に売り込んだ。その結果、「日経トレンディネット」、「東洋経済オンライン」、交通系ウェブサイトである「Traicy（トライシー）」や「Flight Liner（フライトライナー）」といったサイト、さらに航空専門雑誌の「月刊エアライン」や新聞でも取り上げられることになり、それをきっかけに天草にかわいい親子イルカの飛行機が飛んでいることや日本一小さい航空会社、天草エアラインの存在が全国に知られることになるのだ。

こうしたメディアの影響もあり、当初は対象が航空ファンのみと想定されていた「パラダイス運賃」だったが、空飛ぶ親子イルカの飛行機に乗ってみたいという若い女性までもが予約センターに殺到した。常識的な発想からは生まれない「パラダイス運賃」は２年目も２０１４年12月～２０１５年３月の期間に発売され、１年目を50枚以上も上回る２４４枚の販売を記録。嘘のような本当の話だが、「パラダイス運賃」に刺激されて販売されていない時期に通常運賃で全区間を10万円近くも支払って天草エアライン10区間制覇をする航空ファンまで現れた。

パラダイス運賃やサンタクロース会議などのパブリシティ効果で天草エアラインの利用者が増えていくことについて、パラダイス山元はこう語った。

「お客がたくさん乗っていて、しかもその人たちが天草だけではなく全国から来てくれる乗客となれば、それは社員の励みになるし、今以上に積極的な気持ちで仕事ができるようになると思うんです。

それに天草エアラインが持っているポテンシャルはもっともっと高いはずです。まだその10％しか出せていないと思っている。この会社はまだまだ化ける航空会社ですよ」

知名度が上がった今、次に仕掛けようとしているのは「パラダイスプレミアムツアー」だという。１日乗り放題で10万円以上するプレミアム商品で、金額に恥じないサービスと内容を考えていて、「パラダイス運賃」で天草エアラインのファンになった人に乗ってもらう次の一手ということだ。

パラダイス山元は、天草の出身でもなければ天草エアラインの社員でも社外取締役でもない。しかし、外部の一ファンだからこその発想で力を与えてくれる存在であることは間違いない。

第5章　「旅の目的は天草エアラインに乗ること！」

2013年～

単なる移動手段ではない

〝観光エアライン〟という新しい形

移動目的ではなく観光目的の飛行機

２０１３年は、天草エアラインにとっては飛躍の年となった。機体デザインコンテストを経て親子イルカが描かれた飛行機になったことでマスコミの注目を集めるようになり、わざわざ天草エアラインに乗ることを目的に天草を訪れるファンが現れはじめたのだ。

本来、飛行機という乗り物は移動手段であり、観光の目的にはならない。近年、話題になっているＪＲ九州の豪華寝台特急「ななつ星」、同じくＪＲ九州の車内で豪華スイーツを味わえる「或る列車」、ＪＲ東日本のレストラン列車「東北エモーション」のように乗ることが目的の鉄道が増えているが、そこには特別な空間やサービスが用意されている。地元の日常生活の足でもある天草エアラインに、ただただ乗ることだけが目的という観光は珍しいだろう。

彼ら天草エアラインに乗ることを目的としたファンの行動パターンはこうだ。福岡空港の第１ターミナルで搭乗手続きを済ませて長い通路を歩いていくと、親子イルカのデザインでオーシャンブルーの機体「みぞか号」が窓から見えてくる。天草エアラインの飛行機は小さいので、大手航空会社の飛行機のようにボーディングブリッジから直接乗り込むのではなく、必ず外に出てから搭乗することになるのだが、この時初めて利用する人の多くはスマホのカメラで「みぞか号」をバックに記念撮影する。飛行機という移動手段が特別なものでなくなった今の時代に機体を携帯電話やカメラで撮っている人は少数派なのだが、天草エアラインの「みぞか号」では定番の行動だ。

「テレビなどで天草エアラインが紹介されることが多くなって、これまで以上に記念撮影する人が増えましたね。特に天草空港に着陸してからは他の航空会社が使っていませんから広いスペースを使った撮影ができます。お客様からのお願いで私も一緒に記念撮影をすることも多いですよ」（村上茉莉子）

かわいらしい親子イルカの機体を撮影したら友人や家族にＬＩＮＥしたり、ＦａｃｅｂｏｏｋやＴｗｉｔｔｅｒなどに「天草エアラインなう」と呟《つぶや》く人も多い。パラダイス山元が話す「天草エアラインに乗ってくれた人が広告塔なんです」という言葉の通り、天草エアラインに魅了されたファンがＳＮＳ、さらにはブログなどを通じて情報を発信してくれているのだ。その結果、検索サイトで「天草エアライン」で画像検索をすると沢山の画像がヒットすることになる。

この頃になるとネットでの盛り上がりはTVメディアにも波及、日本テレビ系「沸騰ワード10」（2014年4月7日放送）、TBSテレビ系「がっちりマンデー!!」（2014年5月25日放送）、NHK「あさイチ」（2014年10月16日放送）が親子イルカの機体と「パラダイス運賃」、社員全員で行っている機体洗浄を中心に番組を作り、日本テレビ系「心ゆさぶれ！先輩ROCK　YOU」（2014年12月6日放送）、フジテレビ系「Mr．サンデー」（2015年2月22日放送）では奥島自身にスポットを当ててさまざまなアイデアで弱小地域航空会社を復活させたストーリーが紹介された。

こうしたメディアの注目が集まったことでヤフーの急上昇ワードに「天草エアライン」が入ったことは、倒産の危機にまで追い込まれた天草エアラインの歴史を考えればまさに「奇跡」だろう。そして2015年にはNHKの国際放送「NHK　WORLD」のニュースでも天草エアラインが特集されて世界に発信されるまでになっていた。

こうした取材依頼の多さから広報を兼務する営業の川崎や谷口はすべての取材依頼に対応できないという嬉しい悲鳴をあげそうになっていた。しかし奥島はそれを許さなかった。「どんなに忙しくても、取材は全部受けなさい。今までは誰にも取材に来てもらえなかった航空会社だったことを思い出しなさい」と。

メディアからの取材を積極的に受けて天草エアラインの知名度を上げた先には、奥島のある狙いがあった。それは天草エアラインを地域のライフラインとしての航空会社でなく、乗ること自体が観光となるエアライン、〝観光エアライン〟にすることだ。これまでも独自色を次々に打ち出してきたが、その集大成として観光エアラインという形を確立するためにもメディアでのパブリシティは不可欠だと考えたのである。

この観光エアラインという考え方は岩手県の三陸鉄道が取り組んでいる観光列車に通ずるものがある。三陸鉄道は、2011年3月11日の東日本大震災によって線路や車両が流されるなど壊滅的な状況となった。その復興へ向けた動きはNHKの朝の連続テレビ小説「あまちゃん」で描かれ、舞台となった北リアス線（岩手県の宮古《みやこ》駅〜久慈《くじ》駅）には多くの観光客が訪れるようになった。だが、三陸鉄道に乗るためには東北新幹線の盛岡駅から2時間半近くかかる。明確な旅の目的がないとなかなか訪れてもらえる距離ではない。しかし三陸鉄道は、こたつ列車などの観光列車を次々に企画、通常列車でも景色がよい場所で一時停止して観光案内をするなど観光を中心とした新しい鉄道会社の形を生み出したのだ。天草エアラインには三陸鉄道と近いものを感じる。そしてまさに「空飛ぶ三陸鉄道」とも言える観光エアラインを、奥島は目指したのであった。

「天草のお荷物」から「天草の翼」に！

あらゆるメディアから注目されたことが天草エアラインの地元での存在感も大きく変えることになった。ほとんど飛行機に乗らない人でも天草エアラインという会社に触れる機会が増えたのだ。

その理由の一つにポスターの存在がある。天草の飲食店やお店の多くにはパラダイス山元が仕掛けた世界サンタクロース会議in天草のポスターが貼られている。このポスターは天草空港で撮影され、世界公認サンタクロースであるパラダイス山元と熊本の宣伝部長くまモンがサンタクロースに扮《ふん》したモンタクロースが並んだ愉《たの》しいポスターだ。彼らの後方には天草空港の滑走路やみぞか号が写っているものの、あくまでもサンタクロースのポスター。したがって直接的な天草エアラインの宣伝物ではないのだが、しっかりと天草エアラインの存在感が伝わる仕上がりになっている。

じつは天草エアラインが天草の新しい観光資源として「サンタクロース」をもたらしてくれたという認識を地元の人が持っていて、サンタクロース会議を通して天草エアラインに対するイメージも上がっていたのだ。

また熊本県が積極的にくまモンを天草でのイベントに派遣してくれたことも大きかっ

た。子供にも人気があり、知名度抜群で全国区のくまモンとサンタクロースが一緒になったことも天草への集客にひとやく買ったのだが、その効果は集客だけには止《とど》まらない。観光客だけでなく地元の人たちに対しても、サンタクロース会議をはじめとしたイベントを通じて天草エアラインをより身近な航空会社と感じてもらえるようになったのだ。休みの日に飛行機には乗らないけど空港まで親子イルカの飛行機を見に来たり、天草エアラインが中心となって毎年９月に開催している空の日イベントでパイロットや客室乗務員と交流するイベントに参加したり、さらには毎月開催されている地元の特産物を販売する「空港マルシェ」のために空港を訪れる人が増えたのだった。地元の人も我が町にある空港を誇りに思うようになっていた。

このように天草市民と天草エアラインの距離が縮まるにつれて、観光協会や宿泊施設などもこれまで以上に積極的に天草エアラインを応援してくれるようになった。しかし両者の関係は開業からずっと良好だったわけではない。社長就任当初、奥島は観光協会に対してある不満を持っていた。会社の飛行機はわずか39人乗りであり、天草を訪れる観光客は陸路で入る人の方が圧倒的に多かった。そのせいか観光パンフレットには陸路のみの紹介で天草エアラインを記載しないことがたびたびあったのだ。それだけに地元の観光案内で奥島自身がこだわり続けてきたのが観光パンフレットに必ず天草エアラインの紹介を入れてもらうことだった。当時の様子を天草エアライン設立時から観光協会の立場でずっと見てきた天草宝島観光協会の岩見龍二郎事務局長はこう話す。

「奥島さんは何度も怒った顔で我々の事務所（観光協会）にやってきましたよ。そしてパンフレットを指さしながら『ここの記述があいまいだ』とか、『どうしてこのパンフレットに（天草）エアラインが入っていないのか』など色々言われました。歴代の天草エアラインの社長のなかで、観光協会に怒鳴り込んで来た社長は初めてでしたね」

観光協会としては開業以来ずっと天草エアラインのバックアップをしてきたつもりだったが、岩見氏は「いま思うと2000年の天草エアライン初就航の時に比べて我々の熱が冷めていたのかもしれない。天草エアラインの存在が日常化してしまい、万全のサポートとまではいかなかったことを指摘されたのでしょう」と当時を振り返る。


天草エアラインと観光協会との関係が再び試される時があった。それは奥島が社長に就任して3年目の2011年3月に九州新幹線が全線開業した時のことだ。天草の観光業界が新幹線特需に期待するところは大きかった。JR九州は新幹線が停車する熊本駅から天草へ渡る手前となる三角《みすみ》駅までのJR三角線に、特急「A列車で行こう」を投入するなど新幹線開業による天草への送客に力を入れていたのだ。これだけ力を入れているとなれば受け入れ側の天草も観光協会を中心にJR九州との観光プロモーションに新幹線開業前後は力を注がざるをえないだろう。しかし、この時も奥島は岩見氏に言い放ったのだ。

「君たちはエアラインを応援するつもりはないのか、あんたら天草の人たちが応援しないで誰が応援するんだ」

確かにその通りだった。「新幹線も大事だが、地元に航空会社がある観光地はそうはない。地元のエアラインである天草エアラインをもっと応援しなければならない」と岩見氏はプロモーション戦略を変更した。以来、天草で発行されている観光パンフレットには天草エアラインが必ず登場することは言うまでもない。

２０１３年以降、天草エアラインのマスコミ露出が急激に増えると共に、天草の観光も紹介されることが増えたが、「奥島さんがいなかったら、天草が全国的に取り上げられることはなかった」と岩見氏は振り返る。サンタクロースのイベントなど人を呼び込めるイベントの開催も奥島なくしては実現しなかったからだ。その経済効果は天草エアラインの乗客アップだけでなく、陸路で天草を訪れる人までアップした。天草の宿泊者も確実に増加。また、天草宝島観光協会のホームページも２０１４年度には１００万ページビューを記録した。この数字は地方の観光協会としては驚異的な数字であり、天草に関するあらゆる観光のデータが過去を上回ったのだ。

天草エアラインのおかげで増え続ける観光客。彼らにもっと天草の魅力に触れてほしいと観光協会が中心となって車がない人でも気軽に観光できる移動手段を考えた。

天草の観光は、一定の範囲内に観光スポットが集約されておらず、車やバスなどで巡ることになる。個人旅行で天草を訪れる場合はレンタカーが便利であり、バスだと移動だけでも時間を要してしまう。タクシーを貸し切る方法もあるが、それだとさらにお金がかかってしまうので非効率だ。そこで考えたのが500円（当時）で天草エリアを観光できる「天草ぐるっと周遊バス」だった。イルカウォッチングや教会群を巡るコースなど3コースを設定し、天草の観光スポットを効率よく巡れるように整備したのだ。天草エアラインで天草を訪れる人にも好評であり、観光の足として定着した。このように観光協会のサポートがあったからこそ、観光エアラインは引き立ったのである。強いタッグを地元と築くことで、地域航空会社の力は十二分に発揮される。

この観光エアラインへの勢いをさらに加速させるべく、天草エアラインは新しいＣＭを制作することになった。そこで考えたのはタレントではなく天草エアラインの社員とその家族が登場するもの。完成したのが手作り感いっぱいの一本で、一度聞いたら耳から離れない軽快なオリジナルソング「天草エアラインの唄」と共に社員が働く姿が描かれている。ＣＭの最後は「なんだかみんなが楽しそう。天草エアライン」というナレーションで締められるが、このナレーションの声は格闘技イベント、ＰＲＩＤＥのリングアナや大手ハンバーガーチェーンのＣＭナレーションなどで活躍しているタレント・ＤＪのケイ・グラント。彼は小山薫堂やパラダイス山元の友人として世界サンタクロース会議in天草の司会をしたのだが、それをきっかけに奥島そして天草エアラインの大ファンになっていて、「天草エアラインのお役に立つお手伝いをしたい。奥島さんの会社を応援したい」と自ら協力を申し出て実現した。

この手作り感いっぱいのＣＭは福岡県内で放送され、その後は天草エアラインのＦａｃｅｂｏｏｋでも観られるようになり、ファンから沢山のコメントも掲載された。天草エアラインを知らない人たちは「こんな面白い航空会社が天草に飛んでいるんだ」ということを知り、天草エアラインを知っている人には「こないだ機内で一緒だった、客室乗務員が出てる！」と社員との距離の近さを実感させることになった。

そして、なんとこの天草エアラインのＣＭは、〝Ｐａｒｔｎｅｒｓ　Ａｄ．Ａｗａｒｄｓ〟のＴＶＣＭ部門で、審査員特別賞までも受賞したのだ。制作コストも制作費だけで、映像も地元の天草ケーブルテレビが協力してくれたこともあり、莫大なお金をかけずに制作した一本のＣＭが、天草エアラインの良さを全国的にアピールする結果を生み出したのである。

国土交通省が選ぶ地方航空路線活性化プログラムに

天草エアラインが観光エアラインを目指すという方向性をはっきり示したことで新たな展開も生まれた。２０１４年度から国土交通省では地方路線を活性化させるべく利用促進に繋がるプロジェクトに対して補助金を出す「地方航空路線活性化プログラム」を実施することにしていたのだが、このコンペティションに天草市も応募することになったのだ。

国土交通省の発表資料によると、このプログラムは「一定の旅客需要があるものの、代替交通機関がない、又は不便な条件不利地域を発着する航空路線について、国として評価した路線維持に向けたモデル的取組として実証調査を実施するもの」と定められており、自治体が中心となって空港の利用促進について考える利用促進協議会などの組織が提案者となる。具体的には対象となる路線の利用者を増やすためにどういった取り組みをしていくのかというプレゼンテーションを行い、提出書類と共に委員会の委員によって評価した結果を基に対象路線が選定されて補助金が支給される仕組みだ。ちなみに選定されるのはわずか８路線という狭き門だ。

国土交通省に提案を出すにあたり、天草市と天草エアラインは協力して案を練った。これまでの天草ならば代表的な観光であるイルカウォッチングを中心としたＰＲの提案しかできなかったことは容易に想像できる。しかしそれは〝ありきたりの案〟であり、国土交通省が選ぶ８路線に残るのは難しかっただろう。だが、天草は変わったのだ。奥島が就任して以来、小山薫堂やパラダイス山元など外部の協力者に地元の人が気づかなかった天草の魅力を逆に教えてもらったことで、今までになかった案を作り上げることができたのだ。その結果、天草空港利用促進協議会の福岡〜天草線の案は九州発着路線では唯一、このプログラムに選ばれたのだった。採択されたのは、奥島が進めてきた観光エアラインの実現へ向けて行政が積極的に動いてくれたことが評価されたからでもあった。

採択後に実行に移されたプロジェクトを見てみよう。

最も多くの予算を投入することにしたのが、福岡や首都圏から親子イルカの飛行機で天草に訪れてもらい、さまざまな天草の魅力を満喫してもらうモニターツアーだった。

まず注目したのは「天草の食」。天草には九州内からもわざわざお寿司を食べるためだけに訪れる人がいる「奴寿司」や「蛇の目寿し」などの有名店があり、また小山薫堂が〝奇跡の焼き肉屋〟としてテレビで紹介して以降、一人３９００円という安さで最高級の焼肉を楽しめることが話題となった畜産会社が運営する「たなか畜産」も天草に人を呼び込める要素になっていた。そこで考えたのが食目的だけで飛行機に乗って気軽に天草を訪れるというモニタープランであった。

「天草でとれる新鮮な魚介類を使用した絶品のお寿司か、特A級の天草黒毛和牛が堪能できる焼肉か」というキャッチコピーで、究極の2択によるこのグルメプランが大ヒットした。日帰りもしくは1泊2日で天草の食を楽しむプランは、2014年度が723人、2015年度は1186人が参加し、特に往復の飛行機と昼食がセットで7900円の日帰りプランには多くの参加者が集まった。参加者のSNSや口コミ等の発信を参加条件としたことで、ネット上での口コミによりさらに参加者が増えるという好循環になった。その一部はリピーターとして再び天草を訪れることになる。グルメ以外でも世界サンタクロース会議in天草に合わせたパッケージツアーなど、天草でなければ体験・経験できないオリジナルのツアーが次々に生み出されたのであった。

市とタッグを組んだ観光エアライン構想

あらためてこの地方航空路線活性化プログラムに採用された案を見てみると、奥島が常に考えていたのは天草エアラインを使って天草に人を呼び込む企画だったことがわかる。

ちなみに他の多くの自治体では東京や大阪などでのＰＲイベントなどにお金を使うこ

とばかりを考えていて、長期的なヴィジョンを持たないものが多かった。これはコンサルタントや広告代理店が考える手法であって、ほかの土地から人を集める手段である航空会社を十二分に活用できているとはいえないし、それが航空会社にもたらすメリットはそれほどないというのが奥島の考え方だ。

では天草のプログラムはというと、観光エアラインとして天草エアラインを活用するものだった。補助金部分はパッケージツアーを安くする原資にして安いツアー料金で親子イルカの飛行機で天草に来てもらい、天草の良さを知ってもらう。そうすれば当然、天草エアラインの利用者も増えることになり、利用者・航空会社の双方にメリットのあるやり方になる。また、ＰＲイベントはしないが、Ｗｅｂ上のＰＲについては積極的に行うべく、旅行サイトを使ったＰＲキャンペーンを行った。地域航空会社が全国へ向けて積極的にプロモーションをするには、情報発信力のあるＷｅｂサイトを活用するのが最も効果的だったのだ。

さらに天草に観光客を誘致するため天草へマスコミと著名人を個別に招聘《しょうへい》することにも力を入れた。もちろんそのきっかけも小山やパラダイス山元から始まったものだった。二人を通して天草エアラインが全国的に注目されるようになったことで、前にも書いたようにマスコミから取材を受ける機会も激増した。だが、どうしてもその形でのメディア登場だとマスコミ側から取材依頼が入ったものに対応するという受け身の広報態勢になってしまう。

知名度が抜群なＡＮＡやＪＡＬなどの大手航空会社であっても、広報を担当する広報部は、積極的に記者や編集者とコミュニケーションを取り、自社のサービスや商品を取り上げてもらうための地道な広報活動をしている。もちろん天草エアラインがもっと知名度を上げるためには、そうした広報活動を強化することが不可欠だった。しかしそれだけでは天草エアラインと天草の観光の魅力については、なかなか知ってもらえない。やはり実際に天草まで足を運んでもらわないと……。そこで外部への情報発信力があるマスコミや著名人を招聘することを強化していくことを決定、そのための予算を組んだのだ。

親子イルカの塗装やパラダイス運賃によって天草が注目され始め、今後さらに飛躍していくために何をしなければならないのかという課題が見えてきた時期でもあったのだが、地方航空路線活性化プログラムを通じてそのことをじっくりと考えることができたのだ。そして、その流れを作ったのもやはり奥島だった。

このように天草エアラインが観光エアラインとしての地位を上げるに従い、天草エアラインと天草市との結びつきは市民の足だった頃にも増して強くなっていく。天草市にしてみれば、天草エアラインが注目されれば地元の経済にも貢献することが証明されたわけでもあり、市としても積極的な協力がしやすくなっていた。これは奥島が社長就任以来、行政とも積極的に対話を続けてきたことも大きかった。

地方航空路線活性化プログラムのプレゼンテーションなどの時に、委員である大学教授などから「自治体と航空会社がこれだけ密接な関係であることは珍しい。素晴らしい事例である」というコメントがたびたびあった。このように天草エアラインの観光エアライン構想は行政と一体となって取り組んできたからこそ国土交通省の「地方航空路線活性化プログラム」に選ばれたのだ。

補助金制度によって会社の〝やる気〟は変わってくる

もちろん天草エアラインのような小規模の地域航空会社は日本国内にはいくつかある。特に離島路線を中心に運航している航空会社には、経営が苦しくて補助金頼みでギリギリの営業を続ける会社も多い。その中でなぜ天草エアラインは補助金に頼りきることなく突出した経営努力を続けるのだろうか？

それはこの補助の仕組み自体に理由がある。離島路線の多くは離島振興補助金や自治体の補助金を受けている。助成方法は定められた搭乗率を下回った時の収入補償もしくは運賃自体の助成が主になっているが、天草は離島でありながらも天草五橋を使えば陸路でも入れるためにこの補助金の対象外だ。同じ九州でも奄美大島《あまみおおしま》を中心とする奄美群島の補助金とは比べ物にならない額。たとえば奄美群島振興交付金を活用した航空運賃軽減事業による運賃補助では、奄美群島の島民が利用できる「住民割引」は普通運賃の54％引きに設定されている。この補助は最短でも２０１９年３月までは実施されるが、この制度によって実際に利用者が増えるのだから航空会社にとっても「住民割引」の存在は大きい。

対象となる航空会社は、利用者と自治体の双方から収入を得られるので補助金を含めた客単価が高くなり収益性が大きく向上する。これは搭乗率が半分程度であっても赤字にならずに済むという計算となるが、厳しい言い方をすれば、営業努力をするよりも補助金を獲得する努力をする方が会社の経営にはプラスになるという見方もできてしまうのだ。

だが天草エアラインの補助は、前述したように熊本県からの整備費の補助のみで、運賃や搭乗率における赤字補塡をする補助は一切ない。つまり、整備費用だけは賄えても自分たちの給料は飛行機を飛ばして収入を得なければ捻出することができないのだ。

このことが他の地域航空会社と異なり天草エアライン自身が頑張らなければ会社を維持できないという危機感へと繋がった。搭乗率が低くても高くても会社の収益が変わらない補助金の制度では社員の士気は当然高まらない。企業として、自力で利用客を集めて、黒字を出していくことで達成感が生まれ、さらなる飛躍をしていきたいと社員自身がやる気にもなるのだ。もちろん全社員は第三セクターの会社であることを忘れておらず、熊本県の整備補助、地元自治体のサポートがあるから会社が存続していることを常に意識している。税金が投入されている以上、少しでも黒字を出すことで県民に天草エアラインを理解してもらいたいという気持ちを持っているのだ。

とはいえ天草エアラインにも地元住人向けの運賃「天草住民割引」がある。これは奥島の前任社長が天草の人に多く利用してもらおうと新設した運賃だ。

自治体の補助があるのならば住民割引は島民の移動をサポートする意味でも必要な運賃制度だと考えられるが、天草エアラインの「天草住民割引」は、割引部分に自治体の補助はなく、そのまま自社の収入減になってしまう。さらにこの住民割引は天草エアラインの便に空席があればいつでも利用できる割引だったので、住民割引の利用者が多くなればなるほど、便あたりの客単価が下がってしまうことになる。こうした理由から就任当時から奥島は前社長が残した住民割引に消極的な態度をとっていたのだが、一度設定してしまった住民割引を廃止すれば地元の人たちの反発を招く可能性もある。大手牛丼チェーンが牛丼の値下げに踏み切った後、一度下げた牛丼の価格を再値上げすることは簡単でなかったことを記憶している人も多いと思うが、住民割引にも同じことが言えるのだ。
その住民割引は割引率を下げたが現在も福岡〜天草線では普通運賃の片道1万3200円から2000円安い1万1200円で販売されている。始める時にマーケティングリサーチをしっかりせず、割引部分の財源なしの安易な無計画割引運賃は赤字体質だった頃の会社らしい発想である。

奥島が社長になって以降、乗客数と搭乗率がアップしたのだが、いつも収益のことを考えていた。1日10区間乗りっぱなしで1万5000円のパラダイス運賃や日帰り1万円を下回るパッケージツアーばかりであれば、人を乗せれば乗せるほど赤字になってしまう。だが奥島は、割引率が高い企画運賃・企画商品は閑散期に集中させると共に、席数限定で販売した。利用者からは「年間を通じて、パラダイス運賃を設定してほしい」という声も寄せられるが奥島にその考えはない。通常販売している運賃で搭乗率が見込める時には無意味な割引運賃は設定しないということを徹底したからであった。稼ぐことができる時には、しっかり稼ぐことが航空会社には求められる。中小企業の社長というのは、会社が置かれている状況をすべて把握したうえで進むべき方向を明確に示さなければならない。奥島はそのことを知っていたのだ。

第6章　次世代へ天草エアラインをつなぐために……

2014年
「社長は引き際のタイミングも重要だと思っている」

天草の翼をなくしてはいけない

天草エアラインは変わった。

新しい社長に奥島を迎えて社員たちの気持ちはたった1機の飛行機のもとに一つとなり、今までは「天草のお荷物」と呼ばれ続けていた日本一小さい航空会社が「天草の翼」となりつつあった。

奥島が目指してきた「観光エアライン構想」も進められ、確実に数字に表れてきたのだ。２０１４年度、天草エアラインの搭乗者数は７万７０５６人を記録、平均搭乗率も59・３％という数字。奥島の就任直後の２０１０年度と比較すると、搭乗者数が約１万４７００人、乗客数では実に23％ものアップだったのである。増えた乗客の多くは観光客だったが、これによって収入の柱である福岡～天草線が1万人近くも増えたことは大きな意味を持っていた。

奇跡的な経営回復を成し遂げた天草エアラインに全国からの注目が集まるなか、奥島は社長の退任を決意していた。第三セクターだが社長の任期に制限はなく、特に問題がなければ奥島は社長を続けることもできる。それなのに辞任を決意したのは、以前から社長という職をこう考えていたからだ。

「社長は引き際のタイミングも重要だ。業績が良い状態で次の社長に交代すれば、新社長もきっとやりやすいだろう」

そう、何よりも彼が大切にしていたのは天草の人々と共にある天草エアラインの将来だった。観光エアラインという形を確立して倒産の危機を乗り越えようとした理由の一つは、なによりも天草エアラインが天草の人々にとってのライフラインだからだったのだ。

じつはそのライフラインを揺るがしかねない事件が２０１２年の冬に起きていた。それがスターフライヤーによる買収話だ。これをスクープした九州の経済誌「財界九州」（２０１２年11月号）によるとスターフライヤーが九州内の地域航空会社をグループ化するためにこの話を天草エアラインにもちかけたという。奥島は当時を振り返ってこう語る。

「仮に買収が成功して、天草エアラインとリンク社（スターフライヤーが業務支援をしていた航空会社。福岡空港・北九州空港を拠点に九州内路線への参入を計画していたが、資金面の問題がクリアできずに就航を断念）が合併した場合、買収から一定期間は天草空港からの便を引き続き運航することは保証するという話だったが、その期間が過ぎた後は天草空港から撤収する可能性は否定できない状況であることから、買収提案は当時の安田天草市長が断固として拒否した」

買収相手に対して毅然とした態度でノーと言うことで守り続けた地域の翼、天草エアライン。そうやって懸命に再生してきた会社だったからこそ、次の社長へと引き継ぐ前に解決しておかねばならない大きい課題が残っていた。2000年から運航を続けているボンバルディア機の機体更新だ。

天草エアラインが生まれた時から飛んでいるこの飛行機は就航から15年という経年化に加えて、すでに生産終了している機体で部品の調達が厳しい状況になっており、整備費用が年々増えている。もしも新しい飛行機に切り替えることができれば、整備費用は大きく減り、故障のリスクも低減することになる。天草エアラインの将来を考えればなんとしてでも新しい機体を購入しなければならないのだが、そのための財源がすぐに見つかるわけもなかった。

「新型機が購入できなければ、最悪の場合、今の飛行機が故障して使えなくなってしまった瞬間に会社を存続することができなくなってしまう。だからといって、天草エアラインが自社だけで新しい飛行機を購入することは財政的に厳しいという状況でした」

（奥島）

当時の熊本県では「天草という一部地域だけを優遇してもいいのか？」という意見も多く、全県民の理解を得られていないことを理由に、筆頭株主であるにもかかわらず熊本県が新型機購入の費用分担を拒否していたのだ。そんな状況の中、買収提案を拒否した当時の天草市長であった安田が発した力強いメッセージがこれだ。

「県と協議はするが、市単独でも新型機を購入する覚悟がある」

２０１２年12月12日の熊本日日新聞の取材にそう答えると、天草エアラインの機体更新に関する議会からの質問に対しても「地元自治体として最大限の努力をする。皆さんにも協力していただきたい」と答えたのだった。そして天草エアラインに最も適した機材はフランスのＡＴＲ機であるという社内調査を基に算出された購入費用の約20億円（最終的には為替により23億円）を、たとえ天草市、上天草市、苓北町の２市１町だけの負担になったとしても購入すると表明したのだ。天草エアラインの天草への地域貢献は大きく、絶対に消滅させてはならない翼だというのが安田の強い思いであった。

２０１４年５月には、安田の次に天草市長となった中村五木《いつき》が新機体を地元自治体で購入することを正式に発表。筆頭株主である熊本県と協議した結果、機材更新費用は地元の２市１町（天草市、上天草市、苓北町）が負担し、ＡＴＲ機が現行機より重量が増えるために必要となる空港整備を含めて整備費の補助は熊本県が行うという形に決定した。

奥島が天草エアラインを安心して次世代へとバトンタッチできる状況が整いつつあった。

古巣ＪＡＬとの提携が社長として最後の仕事に

最後に社長退任前の奥島が取り組んだのが30年以上籍を置いた古巣ＪＡＬとの提携だった。すでに天草空港以外の福岡・熊本・伊丹の各空港ではＪＡＬグループに地上業務を委託しているなどの接点はあったが、営業の部分でもＪＡＬと連携しようと模索したのだ。その中で奥島が考えたのは、ＪＡＬとのコードシェア便だ。コードシェア便とは、自社が運航する便に提携航空会社の便名も付与することで、提携航空会社の便としても利用可能となる仕組みであり、提携航空会社に自社の便を販売してもらえるメリットがある。奥島はメディアなどで天草エアラインが知られるようになった中、コードシェア便によってさらなる販売ルートが開拓できると考えていたのだった。

「新しく就航するＡＴＲ機の導入によって現行の39席から48席に増席することになるが、せっかく9席分が増えたとしても搭乗率を落としては意味がない」

そういう考えが奥島にはあったからだ。

奥島は、天草エアラインでの自社販売をベースにしながらも、ＪＡＬに一部座席を販売してもらうことで、安定した搭乗率の確保を目論んだのだ。ＪＡＬ便名での航空券を販売してもらえることで、ＪＡＬ便として、羽田から通しで、福岡もしくは熊本乗り換えの航空券が購入できるようになる。普段ＪＡＬ便の航空券を買い慣れているビジネスパーソンにとっては天草エアラインが買いやすくなると共に、経費の計算も楽に済むメリットもある。また、ＪＡＬ便名で航空券を購入することで、ＪＡＬのマイレージプログラムである「ＪＡＬマイレージバンク」にもマイルを貯めることができるようになり、顧客満足度のアップに繋がるという考えもあった。さらにコードシェア便が実現すれば、天草エアラインの運航スケジュールがＪＡＬの時刻表やホームページにも掲載され、空港や旅行会社などに置いてある時刻表を通じて、天草に飛行機が飛んでいること自体知らない人に天草に空港があることを知ってもらえる宣伝効果も見逃せない。奥島はＪＡＬと粘り強い交渉を続けた結果、２０１５年４月からコードシェア便がスタートする契約を交わすことに成功する。

それは２０１４年６月に奥島が代表取締役社長の退任を表明、天草エアラインが新しい社長を迎える直前のことだった。

第7章　奥島が天草エアラインに残したもの

2014～2016年
ついに新型機ATRが天草の空に

奥島を引き継ぐ新社長

２０１４年６月、奥島の後の天草エアライン６代目の社長に就任したのが吉村孝司《たかし》だった。奥島と同じくＪＡＬ出身ではあるが、ＪＡＬでの経歴は大きく異なる。整備出身の奥島に対して、吉村は総合職として営業畑を歩んできた。２００８年に鹿児島支店長、２０１０年にはＪＡＬグループのツアー部門であるＪＡＬツアーズ（現ジャルパック）の代表取締役常務に。そしてＪＡＬ退職後は鹿児島空港ビルディングの取締役を経て、天草へと奥島の後を継ぐ新社長としてやってきたのだ。

天草エアラインを初めて訪れた時の感想を吉村はこう振り返る。

「１機しか飛行機がない航空会社だということもですが、その本拠地のはずの天草空港に格納庫すら持っていないと知ってさらに驚きました」

ＪＡＬでの長年の業務において吉村は整備士やパイロットと絡むことがなかった。そうした裏方の現場を知らない新社長に奥島はこう話した。

「航空会社の社長というのは、航空会社にとって最も大事なことである『安全』における統括のトップです。今まで経験してこなかった整備や運航に関しても、社長としてある程度の知識を持たないといけません。そうした業務の流れをしっかり把握するためにも、パイロットと運航管理者（ディスパッチャー）が出発前に行うブリーフィング（打ち合わせ）にもできる限り参加したほうがいいでしょう」

アドバイスを受けた吉村は早速、朝8時に出発する初便の福岡行き出発前の7時10分頃から始まるブリーフィングに加わることから始めた。

「わからないことも多かったのですが、彼らの打ち合わせを聞いているだけでも会社の状況を肌で感じることができました。それは今までの私が経験してこなかったことです」（吉村）

さらに奥島を見習って1ヵ月に1回の機体洗浄、会社にいれば保安検査場や手荷物の機内搭載、機内の清掃なども率先して手伝った。天草エアラインに入社して1週間で吉村は「航空会社らしい仕事をしている」と実感したという。

「ここでは今までのキャリアではできなかった未経験の仕事が経験できる。その経験を通して、奥島さんがやってきたことをさらに進化させなければならないと改めて思いました。社長の椅子に座っているだけでは、ここでは何も生まれないんです」

そう語る吉村は、天草エアラインのための一歩を踏み出そうとしていた。

「熊本県からは整備費用を、天草市をはじめとした地元2市1町からはＡＴＲ機購入費など、会社が自治体予算にも助けられていることを忘れてはならない。だからこそ私たち自身の努力によって収入を増やして利益を出すことが求められているんです。

そのためには奥島さんや小山（薫堂）さん、パラダイス山元さんが常日頃言われているように大手の航空会社と同じやり方では駄目。ならばどうやって天草エアラインが利用したい航空会社になるかの方法を打ち出していかなければならない。部署間を超えて全員で新しいアイデアを出して実践していかなければならない」

だからこそ吉村は〝おもてなしのアイデア〟を社員全員から募集した。その結果、地元のパン屋さんとコラボレーションして機内で提供するオリジナル・パンを作るというアイデアが採用される。社員の声に耳を傾け、部署を超えて同じプロジェクトに取り組むという奥島のスタイルを進化させた形を実行しようとしているのだった。

こうして実際に新社長としての仕事が始まると、奥島の「業績が良い状態で次の社長に交代すれば、新社長もきっとやりやすい」という言葉の意味が強く感じられた。業績面だけではなく、会社には一体感があった。奥島在任中の5年間をかけて育ててきた各部門の部長も成長し、安心してそれぞれの仕事を任せられる。奥島が就任した時のように社員がバラバラでやる気を失い、将来に期待を持てない会社ではない。社長になった直後から吉村が取り組まなければならないことは、スケジュール通りに新型機ＡＴＲの運航を開始できるように準備を進めることであったが、組織が円滑になっていることで、その業務に専念することができたのも奥島が残した置き土産だったのだ。

ＡＴＲ就航へ向けて本格的に始動

新型機であるＡＴＲ機は、日本の航空会社で初めて導入するプロペラジェット機だが、新型機をスケジュール通りに納入して利用者を乗せて運航を開始するまでにはやらなければならないことが山ほどある。天草エアラインがＡＴＲ機の購入を正式に表明してリース会社と契約したのが２０１４年７月で、新型機の就航は２０１６年１月を目指すことになった。わずか1年半という短い期間で就航へ向けた準備や訓練をしなければならなくなった。

まずは、どのように現行機と新型機をスムーズに入れ替えるかという問題に直面した。飛行機の操縦免許（ライセンス）は、自動車の運転免許とは大きく異なる。パイロットとしての操縦免許を取得した後、飛行機の機種（ボーイング７８７、エアバスＡ３２０などといった機種）に応じた訓練を行うが、訓練して試験に合格したその機種のみ操縦できるのである。自動車は普通免許を持っていれば、自動車メーカーにかかわらず普通車の運転ができるが、飛行機では航空機製造メーカー（ボーイング、エアバスなど）が同じであっても機種が違うだけで操縦することが認められないのだ。違う機種を操縦するには、シミュレーション、そして実機を使った機種移行の訓練が必要となるが、最低でも4～6ヵ月かかる。しかも機種移行してしまうと、機種移行前に操縦していた機種のライセンスが使えなくなる。つまり全員を訓練に出してしまえばその時点で天草エアラインの運航はできなくなってしまうのだ。

新社長の吉村が困らないように、奥島は退任前に専務の齋木育夫《さいきいくお》と共にパイロットと整備の機種移行のスケジュールを組んだ。最初に3名のパイロットがATR機の機種移行の訓練に入り、残りのパイロットで現行のボンバルディア機を運航するのだが、それでは1機の飛行機を現行の1日10便で運航することはパイロットに対して定められているフライト時間の上限を超えてしまうから不可能である。このままでは、毎日の運航も不可能となり、運休をしなければならない日が多く出てしまう。それを回避するために奥島は動いた。

それは同じ機体、ボンバルディア機を運航しているJAC（日本エアコミューター）からパイロットの出向を受けることであった。この結果、ATR機の訓練で全パイロットが揃わない2015年8月から2016年2月の間も天草～熊本～大阪（伊丹）は運休、天草～福岡も通常の1日3往復から朝晩の2往復に減便（合計4便）するものの毎日の運航ができることになった。このことによって2016年2月のATR機運航スタート時には全員が資格保有パイロットとなり1日10便の運航が可能となったのだ。

また、整備においてもＡＴＲの訓練で手が薄くなることから、ＪＡＣから２名の整備士を天草エアラインに出向してもらうことで人員を確保した。

奥島は、「利用者が最も多く、生活路線でも観光路線でもある天草～福岡線だけでも朝と夜の便を飛ばさないと沢山の人に迷惑をかける。この便を減らすことだけはしたくない」と常々思っていたが、なんとか長期間の全面運休を回避することができたのだ。

〝仲間の航空会社〟の存在

ＪＡＣとの協力はそれだけではなかった。ＪＡＣも導入するＡＴＲ機のマニュアル作りを一緒に行うことになったのだ。新しい飛行機を導入する場合、日本の航空法に準じた操縦に関するマニュアル、整備に関するマニュアル、客室に関するマニュアル、地上業務に関するマニュアルなどさまざまな規定集をすべて一から作らなければならない。しかも運航する航空会社自身によって作成しなければならないのだ。社員わずか60人弱の航空会社だけで作るのは並大抵のことではない。就航までの時間も限られているのに通常便を飛ばしながら空いている時間に作業することとなるために、もしもＪＡＣの協力がなければ就航日が遅れる可能性も十分に考えられたのだ。

新型機導入で同様に苦しんだのが経営再建中のスカイマークだ。同社は２０１４年に通常の普通席に比べて大型シートで足下もゆったりした座席を普通席の料金で利用できる「グリーンシート」を搭載、客室乗務員にミニスカートの制服を着用させることでも話題となったエアバスＡ３３０型機を購入したのだが、日本の航空会社では初めての購入だったこともありマニュアル作りに大苦戦した。所轄官庁である国土交通省航空局からのマニュアル不備の指摘もあって運航許可がなかなかおりず、その就航は当初の予定から３ヵ月以上も遅れてしまった。それぐらいマニュアル作りというのは厳しい作業なのだ。それを限られた時間の中で完成させて航空局からの運航許可を得られたのは、ＪＡＣから支援を受けることによりマニュアル作成の作業ができた成果だった。

さらに奥島は、新社長に大きな負担をかけないように、ＡＴＲ機導入準備で便数が減便することによる旅客収入の減少、パイロットや整備の訓練の費用など新型機導入における負担増を見込み、運休期間中の資金確保にも目処《めど》をつけてから退任したのであった。新社長にとって、これほどありがたいことはない。

整備副部長の江口も「ＪＡＣさんの協力がなかったらＡＴＲの整備体制を構築できなかった。天草エアラインのような小さな航空会社にとっては仲間の航空会社の存在は大きい」と話す。

じつはＪＡＣとの付き合いは今回が初めてではなかった。出向者を受け入れる取り組みは初めてだったが、前にも触れたように整備部門は定期的に担当者と情報交換している間柄。天草エアラインが使用するボンバルディア機の同じ型（ＤＡＳＨ８）を所有する航空会社が集まる「ＤＡＳＨ８シリーズオペレーターズミーティング」というワーキングチームで一緒になって活動していたからだ。

ＪＡＣ以外にも沖縄の離島を中心に運航するＲＡＣ（琉球エアーコミューター）や、福岡や長崎から対馬や壱岐、五島福江《ごとうふくえ》などへの路線を持つＯＲＣ（オリエンタルエアブリッジ）もメンバー。世界的には「スターアライアンス」「ワンワールド」「スカイチーム」といった航空連合（アライアンス）という枠組みでの協力関係は珍しくないが、同じ機種の飛行機を持っているという理由だけでこういったワーキンググループが形成されるということは非常に珍しい。さらに特段の提携関係がないにもかかわらず、機体にトラブルが発生して部品が緊急に必要となった時にも部品を融通することもあるなど、小さな航空会社同士、お互いにいつも助け合っているのだ。

１社だけではカバーできない部分を複数の航空会社で共有していくことで安全性も高められる。長年の信頼関係ができていたからこそ今回、ＡＴＲ機導入においてＪＡＣの担当者と共にスムーズな作業を行うことができたのだった。

成長した社員の自主性を尊重する会社に

1年半しか準備期間のないATR機導入において、各部署はそれぞれ自分たちがやらなければならないことをしっかり理解した上で業務を分担していた。会社は専務の齋木育夫を中心として、乗員部、整備部、運航部、客室部、運送部、総務部、営業部が一体になっていた。奥島が社長であった5年間を通じて多くの社員は飛躍的に成長しており、やらされているのではなく自ら率先してやるべきことは何であるのかを考えるようになっていた。若手社員でも仕事を任されることでやりがいを感じるようになり、社員みんなが自分の働きに手ごたえを感じる場面が増えたのだ。

たとえば客室乗務員3年目の村上茉莉子や井上紗綾《さや》。CAとしてのフライト業務、そして手作りの機内誌制作、地上業務のヘルプに加えて、二人はある企業のキャラクター商品と天草エアラインとのコラボレーション商品企画の窓口となり、自分たちの意見も出しながら商品化を進めていて、サンプル品をチェックするだけでなく、仕入れ値や販売価格、売り上げ予測などのデータも策定して相手会社の担当者と日々協議を行っている。一般的な大手航空会社の客室乗務員はフライト業務に専念しているが、企画のアドバイスから商談までも自分たちで行うことは彼女たちにとって大きな経験となり、仕事へのモチベーションも大きく上がっていた。

また営業部も川崎茂雄と谷口弘文が新しい企画を考えていた。今までは10区間乗りっぱなしで1万5000円の「パラダイス運賃」や1万円で福岡〜天草間の往復の飛行機とランチがセットになったパッケージ商品など、お得な商品が中心の企画だったのだが、天草エアラインの知名度が上がったことで単に安さを追求するのではなく、満足度の高い商品の企画へ向けて動き出したのだ。そこで生まれたのが退役前の初代「みぞか号」を使った、天草エアラインの「おもてなし」を詰め込んだチャーターフライトの企画だ。その名も、天草エアラインDASH8退役記念「DASH8－103　SAYONARA　PREMIUM　FLIGHT　〝MIZOKA〟」。天草空港ではなく、熊本空港発着で初代みぞか号に乗って天草の景色を空から楽しみながら、天草で予約がなかなか取れない「奴寿司」のお寿司弁当を機内で食べられるという企画だ。みぞか号のモデルプレーンや天草エアラインのオリジナルグッズのお土産まで付くとはいえ、わずか1時間の遊覧フライトを3万9000円の30席限定での販売。しかも販売も旅行会社のWebのみの取り扱いで、告知も旅行会社のホームページ、天草エアラインのホームページとFacebookページのみ。

高額な料金設定ということもあり、本当に買ってもらえるのかという不安を社内の誰もが持っていた。しかしその不安は見事に裏切られた。12月25日朝9時の発売開始からわずか数分で30席すべてが完売となったのだ。すでに全国的な知名度を得ていた天草エアライン。地域航空会社であるにもかかわらず、熊本県内だけでなく日本全国の天草エアラインのファンが買ってくれたのだ。

大きな告知をせずにインターネット上だけで集客できたことは、天草エアラインのブランド力が高くなったことを意味する。ファンは常に天草エアラインの動向に注目しているということである。規模こそ違うが、日本国内では現在5社ある格安航空会社（LCC）のうち、驚異的なスピードで就航3年目に黒字化したピーチもファンに支えられている航空会社であり、「ピーチに乗って旅に出かけたい」という流れを作れたことが大きな成功要因である。天草エアラインにおいても「天草エアラインに乗って天草に旅行に行きたい」という流れができつつあり、天草エアラインに乗ることが天草に旅行へ行くきっかけになれば、料金的に安い陸路で天草を訪れるのではなく、運賃は多少高いが天草エアラインを利用してもらえる。そういった流れを作るまでに就航開始から15年もかかったが、奥島が進めてきた観光エアラインの形が見えてきたのだ。

そして地域から応援される会社へ

天草エアラインに活気が出てきたことで、地元・天草にも変化が起きている。2013年9月に世界サンタクロース会議in天草が開催されると、天草がアジア初となるサンタの聖地「サンタクロースが来る街」となったことで、島では一年中サンタにちなんだイベントが開かれるようになり、街全体の様子が常にクリスマスの華やかさを感じさせた。

また、天草エアラインがマスコミで紹介されることが増えると同時に天草の観光や食文化についての情報もこれまで以上に発信されるようになった。一時は天草のお荷物企業とまで言われた天草エアラインが、今や天草を引っ張る存在になっていたのだ。

天草空港においては毎月1回（第2日曜日）、地元のお店が集まる「天草空港マルシェ」が行われている。地域の特産物が一気に集まるイベントであるが、買い物に来るためだけに訪れるのではなく、親子イルカのデザインの飛行機を見がてら遊びにくる地元の人が増え、これまで以上に活気のあるイベントになった。そうした地元の情報を伝えるケーブルテレビ局の生放送番組「あまそら生チャンネル」には、5人の客室乗務員が月替わりに出演して番組を盛り上げる。

こうした地元との交流を通して、天草エアラインを積極的に応援することで地域の活性化に繋げるという流れもできていた。その象徴が地元企業が中心になって企画した〝天草エアライン　みぞか号ありがとうキャンペーン〟だ。ATR機の導入に伴い2016年2月19日がラストフライトとなる初代「みぞか号」を愛する天草の企業自らが記念商品をつくることになったのだ。

「いつも天草の空を飛んでいたみぞか号に、商品を通じて感謝を示したい」

そんな声が自然に上がったのだ。こんなことはかつての天草エアラインならば考えられなかったことだろう。発売された記念商品は天草産のレモンと塩を使った塩レモンクリームをサンドしたみぞか号マカロン、厳選された天草晩柑《ばんかん》を手搾《てしぼ》りした天草晩柑ストレート、天草を訪れた世界中のサンタクロースが苗を植えたいちごのロールケーキなど。天草の人々の思いが詰まったものとなっている。今回のキャンペーン用に特設サイトやFacebookページも開設されて、みぞか号へ寄せられた地元の人たちからのメッセージも多数掲載されている。こうした地元からの反応に営業部長の川崎は「地元の方々には感謝しても感謝しきれません。本当にありがたいです」と話す。

天草エアラインは社員全員が一丸となって頑張ってきた結果、地元の人に心から応援してもらえる企業に成長していたのであった。

自分の地元で働き、地元に貢献する喜び

このような地元の声に触れれば触れるほど、社員自身も地元の航空会社で働いていることへの誇りが強くなっていった。天草エアラインの社員は、熊本空港に拠点を置くヘリコプター事業部を除き、役員を含めた全社員が天草で生活している。一度は熊本県外で就職したのだが、やはり故郷で働きたいという理由で天草エアラインに入社した社員も多い。前にも登場した客室乗務員の太田や営業部の川崎は天草の出身だ。

２０１５年８月に新たに整備士として加わった熊本県出身の吉元隆宏は、成田空港のＪＡＬのグループ会社で整備士として７年間勤務した後、27歳で故郷熊本県の航空会社への転職の道を選んだ。吉元はＪＡＬのような大手航空会社ではなく天草エアラインという地域航空会社を選んだ理由をこう話す。

「一番は地元に貢献したかったのが大きかったです。特に九州の人間は、やっぱり九州の会社で働きたいと思っているんですよね。仲間からも羨ましがられました。それに整備士としての欲もありました。自分の会社の飛行機を飛ばしているという実感が欲しかったんです。ＪＡＬですと飛行機を運航しているＪＡＬと整備をしているＪＡＬエンジニアリングとは別会社ですから……」

地域航空会社だからこそ得られるであろう理想の職場を、彼は天草エアラインに求めたのだ。

「みんなが一丸となって1機の飛行機をチームで飛ばす姿は美しいと思います。だからもっと美しい会社にしたい。それは社員の努力次第で何とでもなると思ってます。私もATR機整備のスペシャリストになって、わからないことは何でも聞いてもらえる存在になりたいです」

そしてこれからも天草エアラインは飛び続ける

2016年2月20日の午前8時、天草エアラインの新型機となるATR42－600型機が満席の利用者を乗せて天草空港を出発した。前夜に最後の運航を終え、天草エアラインを約16年間見続けてきた初代みぞか号も見守っている。先輩の初代みぞか号から後輩である2代目みぞか号へのバトンタッチの瞬間であった。

初代みぞか号は、天草エアラインのこれまでの歴史を一番近くで見てきた。天草エアラインが就航した時の盛り上がりから一転、1日14フライトという過酷なフライトの中で会社がどん底になっていた姿も見てきた。その時は、機体も悲鳴をあげると共に、通常は10年で機体の塗装を塗り替えるのだが、資金難で哀愁漂う機体で飛び続けた。もし、機体が壊れて運航できなくなってしまったら、そのまま会社と共に消滅する可能性が高いと当時はほとんどの社員が思っていた。

そんな状況の中で２００９年に天草の地に降り立ったのが、奥島透だった。彼は社長に就任すると社内改革を進め、赤字が常態化していた会社を蘇らせて5年連続の黒字化を実現した。その間に初代みぞか号はボランティアで天草エアラインの非常勤取締役となった小山薫堂によって機体デザインを親子イルカに塗り替えられ、それまでは汚れていてもそのままだった機体を社員みんなで洗ってくれるようになっていた。そして毎日のように天草エアラインの利用者が写真を撮って、ＦａｃｅｂｏｏｋやＴｗｉｔｔｅｒなどに投稿される人気の飛行機に……。機体を塗り替えてもらってからは初代みぞか号にとって本当に幸せな最後の3年間を天草の空で過ごすことができたのだ。

そんな素晴らしい3年間をもたらした奥島が最も大切にしてきたのは人と人との繋がりだった。すべての人たちに正面から向き合い、時にはしつこいと言われるくらい積極的にコミュニケーションをとり続けた奥島の目は、いつも情熱に満ちあふれていた。彼のひたむきで実直な姿が社員はもちろん社外の人々の心までもつかんだからこそ、天草エアラインのたった1機の飛行機、初代みぞか号は飛び続けてこられたのだ。

天草空港では2代目みぞか号の初便出発を祝う盛大なセレモニーが開催されている。全国から集結した天草エアラインのファン、初便の離陸やセレモニーを見に来た地元の人、天草エアラインの社員も、みんな笑顔だ。奥島は滑走路を見渡せる空港内のオフィスから初便の離陸を自分の目で見とどけた。

今日から天草エアラインの新たな歴史が新型機と共にスタートする。そして奥島が創り上げてきた「社員全員が社長である」という意識を持ち続ける限り、〝日本一小さい航空会社〟天草エアラインの翼は飛び続けるだろう。

終章　今日もイルカは天草の空を飛ぶ

午前8時前。今日も天草空港からいつものように天草エアラインの親子イルカが天草の人たちを乗せて福岡空港へ向けて出発する。通学途中の小学生は離陸したばかりの飛行機に手を振る。飛んでいる飛行機のエンジン音が、天草の人たちの一日が始まる合図になる。こんな何気ない日常は、これからもずっと続いていくだろう。

奥島が社長を退任して現社長の吉村孝司が社長に就任してからもうすぐ2年になる天草エアライン、じつは将来へ向けた不安要素がある。それが天草地域の人口減少だ。現在、天草市の人口は約8万5０００人（２０１5年12月現在）、上天草市は約２万9０００人（２０１5年11月現在）、苓北町は7７００人（２０１5年12月現在）で天草全体の人口は約12万人となっている。天草市だけでも全盛期には10万人近い人口だったが、今後はさらに減少することが予想され、これまで以上に利用客を確保するためには観光で島外からの集客にいっそうの力を入れなければならない状況なのだ。

しかし天草のポテンシャルを考えればそれは不可能な話ではないだろう。なぜならば観光のための食、温泉、宿泊はもちろんさまざまなイベントまでもが充実しているのだから。

まずは**イルカウォッチング**。沖合には約200頭の野生のミナミハンドウイルカが泳いでおり、イルカに逢《あ》える島として天草を訪れた観光客が最初に足を運ぶ場所だ。そして世界遺産を目指している﨑津集落にある**﨑津教会**は漁村の中にある昭和9年に建てられた教会で、西洋風の外観にもかかわらず中には畳が敷かれているという和洋が調和した珍しい教会の造りになっている。加えて、﨑津教会近くにある**南風屋**《はいや》の﨑津杉ようかんも地元で人気の逸品で、餅をのばしてあんを包み、さらに香りを楽しむために杉の葉で挟んだものなのだが早い時間に訪れないと売り切れてしまう。

そして、昭和8年から高台にそびえ立つ**大江教会**は、天草へのキリスト教伝道に生涯をささげたフランス人宣教師であるガルニエ神父が地元の人と建立した教会。青い海と空、そして教会という絶妙の組み合わせから写真の被写体としても人気だ。

グルメ旅ならば海鮮、そしてお肉の両方を天草で楽しむことができる。お寿司を食べたければ、天草の二大名店である**奴寿司**と**蛇の目寿し**。鮑《あわび》や伊勢エビ、帆立《ほたて》などの海鮮バーベキューや名産のウニ丼であれば**天草海鮮蔵**。美味しい和牛を堪能したいのであれば空港からも近い**たなか畜産**。そして夜は天草中心部にある居酒屋**丸高**などで地元の焼酎に酔いしれるのもよいだろう。

また天草には天然の温泉も湧き出ており、700年の歴史を持つ**下田**《しもだ》**温泉**が一日の体の疲れを癒やしてくれる。気軽に入れて景色も堪能できるお風呂としては、**ホテルアレグリアガーデンズ天草**の中にあるペルラの湯舟が人気で観光客だけでなくお風呂だけ入りに訪れる地元の人も多い。宿泊施設もさまざまなタイプから選ぶことができ、最高級の**五足のくつ**から、1泊5000～6000円程度で宿泊できる民宿やビジネスホテルまで旅のスタイルにあわせてさまざまなタイプからチョイスすることができる。

「行けば素晴らしいのはわかっているけど、天草まで行くのは遠いから……」。そう躊躇《ちゅうちょ》する人たちは、たとえば2泊3日や3泊4日で福岡旅行をする間の1日を使って長崎のハウステンボスへ行くような感覚で天草を日帰りで訪れてはどうだろうか。天草エアラインを使えば福岡や熊本からの日帰りが可能だからパッケージツアーのオプショナルツアーとして組み込むのだ。福岡からの日帰りならば福岡空港朝9時5分発を利用することで9時40分に天草空港に到着し、レンタカーなどでイルカウォッチング、教会巡り、天草の食を楽しみ、最終便の天草空港18時5分発に乗れば18時40分には福岡へ戻ることができるのだ。

この天草という場所が持つ観光地としてのポテンシャルをさらに引き出すために、将来的には海外からのインバウンド（訪日旅行客）の誘致も進めていきたい意向を吉村現社長は持っている。日本人がラスベガスに旅行へ行った時にヘリコプターでグランドキャニオンを日帰りで訪れるように、外国人観光客が福岡に滞在している間に天草エアラインで天草を日帰りで訪れるのだ。

２０１６年には日本を訪れる外国人が２０００万人を超えると見られている。すでに天草はこの３年間に毎年の世界サンタクロース会議で外国人サンタを迎えただけではなく、２０１５年10～12月にかけて「サンタさんと過ごす46日間」と題して外国人サンタの長期滞在を受け入れている。そうやって外国人観光客を受け入れやすい状況を整えたこともあり、外国人誘致も本格的に始動するだろう。そうなれば現在約7割の搭乗率を8割まで増やせる可能性も十分にある。


そして２０１６年は天草にとって観光で多くの人を呼び込める大きなチャンスの年でもあるのだ。雲仙天草国立公園編入60周年、さらに九州本土と天草を橋で結ぶ天草五橋の開通50周年と、まさに天草のメモリアルイヤーなのだ。

そんなベストタイミングで天草エアラインの新型機ＡＴＲ機は導入されたのだが、だからこそ天草エアラインは観光エアラインとしての注目が一過性に終わらないようにしなければならない。パラダイス山元が「天草エアラインが持っているポテンシャルはもっと高く、まだまだ化ける航空会社である」と話していた。つまり、決して今が天草エアラインの頂点ではないのであり、まだ登山でいう5合目までも来ていないかもしれないのだ。

そのことを社員自身がわかっている限り、天草エアラインのフライトは終わらない。そして明日も親子イルカの翼は遠い先へ向かって飛び続けるだろう。

単行本重版にあたっての追記

この書籍が出版された後、２０１６年4月14日に熊本県を中心とした地域で大きな震災が発生しました。被害にあわれた多くの方々に心からのお見舞いを申し上げます。

なお天草エアラインも、震災の発生直後は熊本空港が閉鎖されたため一部の便が運航取り止めとなっていましたが、現在は通常運航を続けています（２０１６年8月8日現在）。

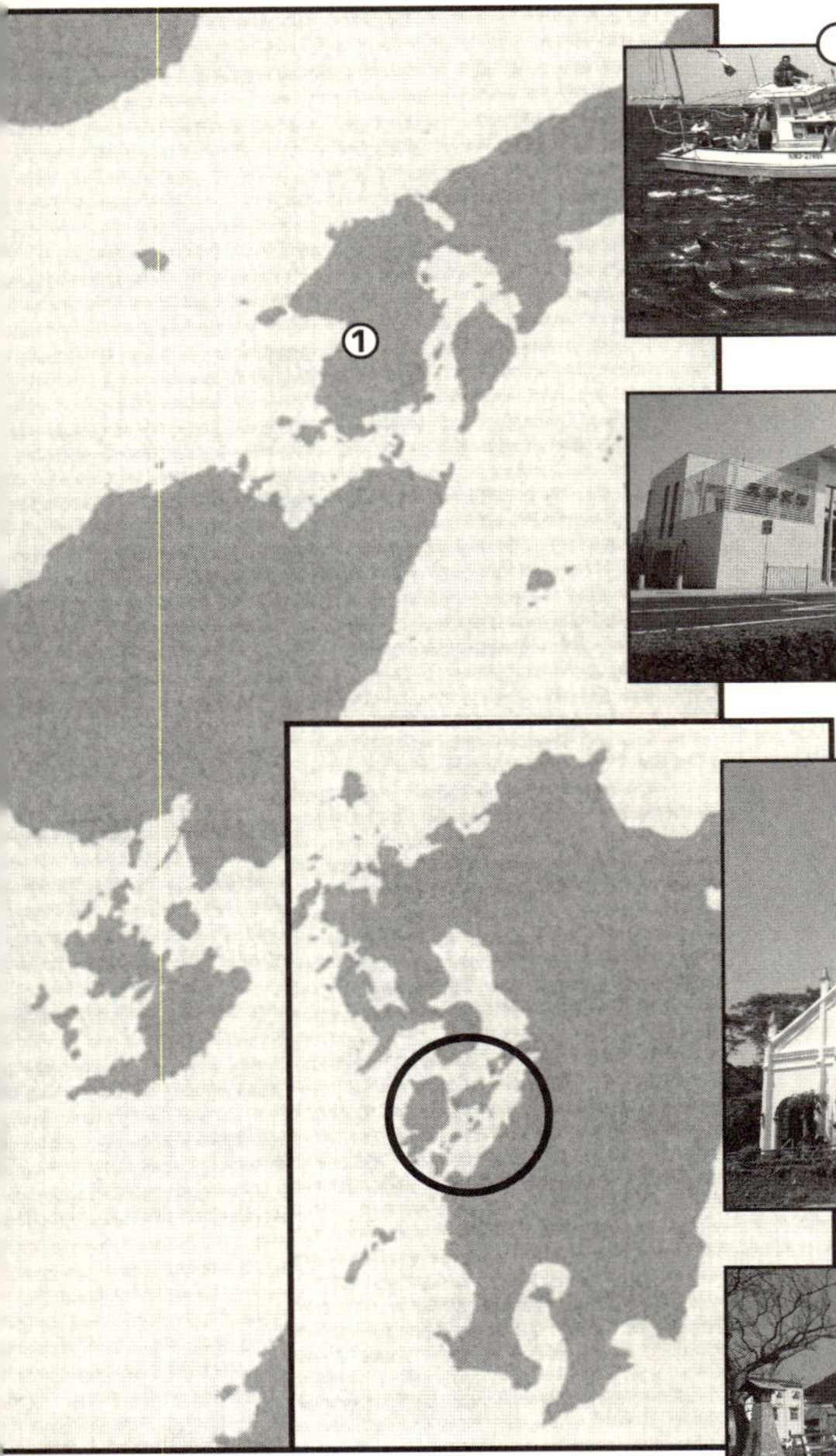

イルカウォッチング

天草空港

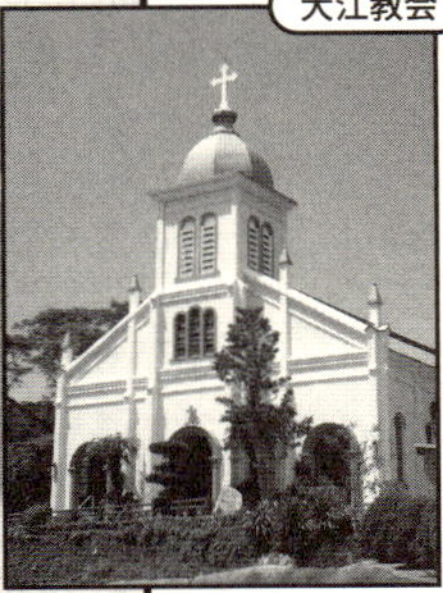
大江教会

下田温泉

① 天草四郎ミュージアム
② イルカウォッチング
③ 天草海鮮蔵
④ たなか畜産
⑤ 蛇の目寿し
⑥ 奴寿司
⑦ 丸高
⑧ ホテルアレグリア
ガーデンズ天草
⑨ 下田温泉
⑩ 五足のくつ
⑪ 大江教会
⑫ 天草ロザリオ館
⑬ 﨑津教会
⑭ 南風屋

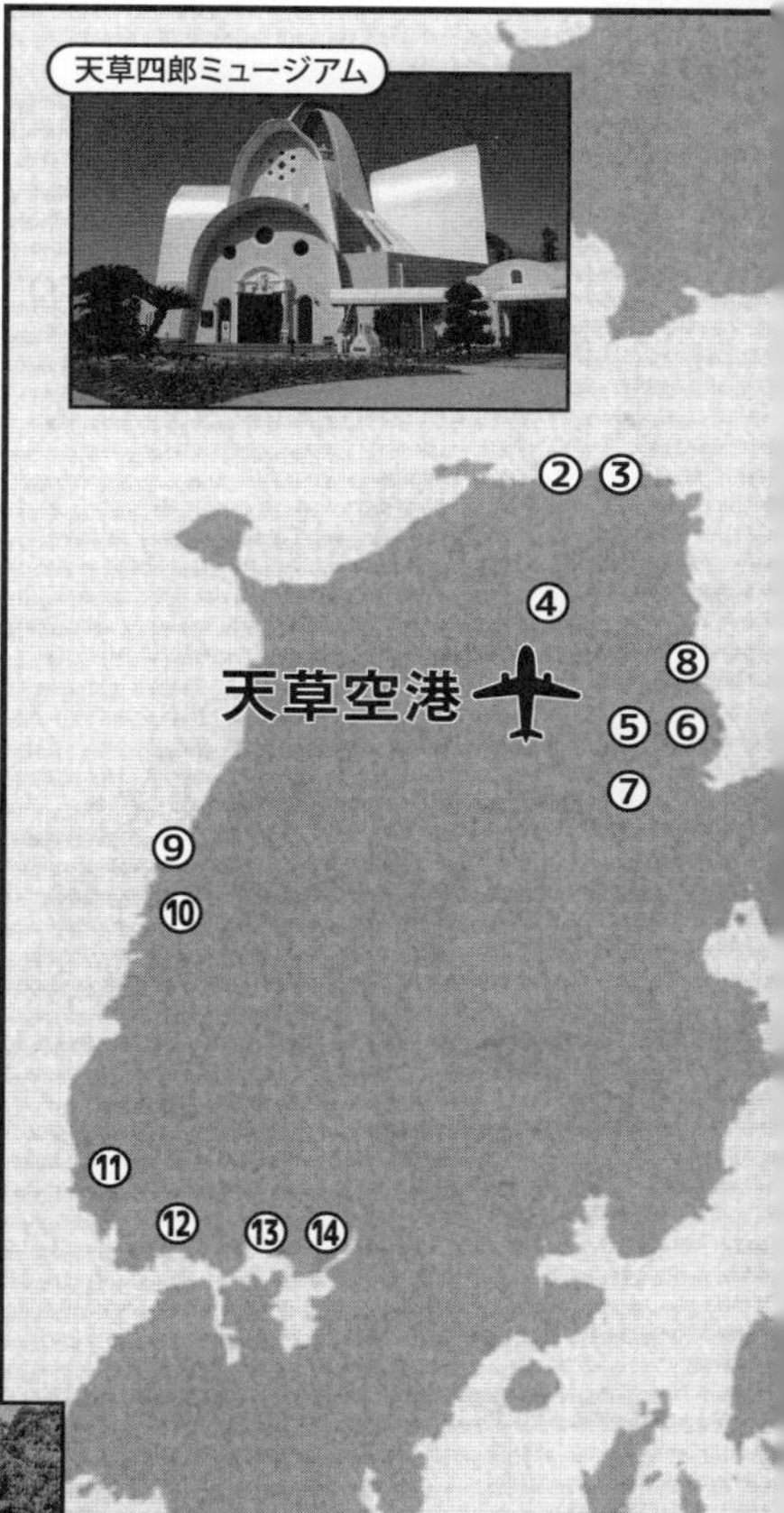

﨑津教会

天草ロザリオ館

追章　それからの天草エアライン

２０１６年4月14日、そして4月16日に熊本県内を震源とする熊本地震が起こった。ビジネス書の『天草エアラインの奇跡。』が発売（２０１６年3月25日）になってから僅《わず》か数週間後の出来事だった。最初の地震の際、天草エアラインの吉村社長、齋木専務は熊本市内にいた。導入したばかりのＡＴＲ機の日本でのプロモーションを兼ねて、フランスのＡＴＲ社がメディア関係者を熊本に呼び、体験搭乗前夜は懇親会が行われていた。そして、懇親会が終わってホテルに戻った直後の21時26分に熊本空港がある熊本県益城町《ますきちょう》でマグニチュード６・５、震度７の地震を観測した。熊本市内も大きな揺れが襲い、その後も小規模な震度６規模の余震が続き、眠れない夜になり翌朝を迎えた。

最初の地震では天草空港・熊本空港共に滑走路やターミナルビルへの影響は最小限で済み、翌朝、両空港共に通常通りの運航が可能ということで体験搭乗は熊本空港から伊丹空港まで予定通りに行われた。メディア関係は伊丹空港からそのまま東京に戻り、「みぞか号」は熊本経由で天草、さらに天草から福岡を２往復して天草空港に戻った。

ただ、それだけでは終わらなかった。

日付を越えた4月16日1時25分にマグニチュード7・3、震度7の地震が再度熊本を襲った。14日の地震が本震ではなく、16日の地震が本震だったのだ。震源地に近い益城町、熊本市を中心に家屋が倒壊し、道路も寸断され、電気・水道・ガスなどのライフラインの供給が止まった。益城町にある熊本空港、特にターミナルビルは壊滅的な被害が出た。天草地方も大きな揺れに襲われたが、天草空港も含めて大きな被害は出なかった。しかし、熊本市内や福岡方面への陸路は道路・鉄道共に寸断されてしまった。幸いにも天草エアラインの基幹路線である天草〜福岡線の運航が可能だったことで、飛行機で福岡から天草入りすることができた。道路が寸断された際の陸路の代替手段として、利用されることになった。

震災直後から観光客は激減した。余震がなくなった頃には天草自体は通常の生活に戻っていた。しかし、熊本県で大きな被害が出たことで九州全体が旅行自粛モードとなった。しかし、天草を離れている天草出身者が実家の様子を見に来たり、企業関連ではお見舞いに訪れる需要が一定数あったこともあり、観光客は減ったが、搭乗者数の大きな落ち込みはなかった。その後、東日本大震災の教訓から政府が補助金を出して九州への旅行需要喚起をする「九州ふっこう割」がスタートしたことで、九州への旅行も回復気運となった。

熊本地震から2年、2018年6月30日にユネスコの世界遺産委員会で世界文化遺産「長崎と天草地方の潜伏キリシタン関連遺産」の登録が決まり、7月に登録が完了した。潜伏キリシタン関連遺産の12の資産で構成され、天草地方では唯一、キリスト教禁教時代にも漁村独特のキリスト教信仰を育んだ﨑津集落が登録された。﨑津集落のシンボルである教会はゴシック様式で教会の中では珍しい畳敷きになっており、世界遺産登録後、﨑津集落を訪れる観光客が大きく増加した。

世界遺産の登録名に当初案では入ってなかった「天草」という名前が入ったことも追い風となった。世界遺産登録を機に「﨑津資料館みなと屋」が開館し、﨑津の観光拠点としてキリスト教禁教時代の資料などを見ることができるなど、観光客の受け入れ体制も大きく整備された。世界遺産に登録され、既にリピーターの多い「食」と共に、天草の魅力はより高まり、国内に留まらず世界に発信する状況は整った。

このような状況の中で地域航空会社を取り巻く環境も今後変わりそうだ。国土交通省は2016年から「持続可能な地域航空のあり方に関する研究会」を設置し、地方航空路線を持続可能なものにするため、従来の取組を超えた地域航空のあり方を模索する必要があると判断した。天草エアライン、ＪＡＣ、オリエンタルエアブリッジ（長崎）、北海道エアシステム（北海道）、ＡＮＡウイングス（東京）の５社が将来的なコードシェア便（共同運航）や機体整備や調達などの部分において連携する方向で、先行して九州に拠点を持つ天草エアライン、ＪＡＣ、オリエンタルエアブリッジの３社による連携がスタートする運びとなった。

既にＪＡＣは、天草エアラインと同じＡＴＲ機を導入しており、機体整備やパイロット訓練などで連携し、コスト削減に大きく貢献している。保有機を１機しか持たない天草エアラインは、計画整備の際にＪＡＣから飛行機だけを借りて、自社のパイロットと客室乗務員で運航している。従来であれば整備期間中は事前告知により欠航としていたが、両者間の連携によって欠航せずに整備が可能となった。

更に強固な連携をすることにより、ＪＡＬだけでなく、ＡＮＡとのダブルコードシェア便が実現する可能性が出てきた。国内大手２社のコードシェア便になることで、日本人はもちろん、海外からの訪日旅行客（インバウンド）も天草を訪れやすくなる。今回の連携強化の動きは、国としても地域航空会社・地方路線を活性化させていきたいという強い意志が感じられる。

ビジネス書『天草エアラインの奇跡。』が出版されてから３年。天草エアラインはたった1機の飛行機「みぞか号」が飛び続けている。奥島から社長を引き継いだ吉村は就任してもうすぐ5年が経つ。天草での生活に完全に溶け込み、オフィスにいる時は到着便の手荷物の積み下ろしや出発便の保安検査場業務も担っている。社長自ら「マルチタスク」を実践し続けている。専務だった齋木は日本で初めてATR機を導入した経験を買われ、フランスATR社の日本支社で国内航空会社のカスタマーサポートという新たな職に就き、天草エアラインを含めたATRを保有する国内航空会社をサポートしている。営業も部長の川崎を中心に一日全便連続搭乗（10便）乗りっぱなしでわずか1万円の「乗るだけ運賃」も閑散期に設定し、新たな天草エアラインファンを獲得した。たった5人の客室乗務員は、天草エアラインが就航した時から支えている部長の太田、地元出身の村上が今も飛び続けている。天草エアラインの変革期を過ごした教官の山口は結婚を機に2019年春に退職し新たな人生がスタートする。

新しい社員も加わった天草エアラインは、今日も天草空港に飛行機でやってくるお客様を満面の笑顔で迎える。

鳥海高太朗

2019年　3月

本文デザイン　亀谷哲也［PRESTO］
JASRAC　出　1903509-901

本書は、二〇一六年三月、集英社より刊行されました。

集英社文庫　目録（日本文学）

集英社文庫 目録（日本文学）

永井するみ　グラニテ
長尾徳子　僕達急行　A列車で行こう
中上健次　軽蔑
中上紀　彼女のプレンカ
中澤日菜子　アイランド・ホッパー　2泊3日旅ごはん島じかん
長沢樹　上石神井さよならレボリューション
中島敦　山月記・李陵
中島京子　ココ・マッカリーナの机
中島京子　さようなら、コタツ
中島京子　ツアー1989
中島京子　桐畑家の縁談
中島京子　平成大家族
中島京子　東京観光
中島京子　かたづの！
中島たい子　漢方小説
中島たい子　そろそろくる

中島たい子　この人と結婚するかも
中島たい子　ハッピー・チョイス
中島美代子　らも　中島らもとの三十五年
中島らも　恋は底ぢから
中島らも　獏の食べのこし
中島らも　お父さんのバックドロップ
中島らも　こらっ
中島らも　西《さい》方《ほう》冗《じょう》土《ど》
中島らも　ぷるぷる・ぴぃぷる
中島らも　愛をひっかけるための釘
中島らも　人体模型の夜
中島らも　ガダラの豚I～III
中島らも　僕に踏まれた町と僕が踏まれた町
中島らも　ビジネス・ナンセンス事典
中島らも　アマニタ・パンセリナ
中島らも　水に似た感情

中島らも　中島らもの特選明るい悩み相談室　その1
中島らも　中島らもの特選明るい悩み相談室　その2
中島らも　中島らもの特選明るい悩み相談室　その3
中島らも　砂をつかんで立ち上がれ
中島らも　こどもの一生
中島らも　頭の中がカユいんだ
中島らも　酒気帯び車椅子
中島らも　君はフィクション
中島らも　変!!
中島らも・小堀純　せんべろ探偵が行く
長嶋有　ジャージの二人
中園ミホ・古林実夏　ゴースト　もういちど抱きしめたい
中谷巌　痛快！経済学
中谷巌　資本主義はなぜ自壊したのか　「日本」再生への提言
中谷航太郎　くろご
中谷航太郎　陽炎

集英社文庫　目録（日本文学）

中野京子　芸術家たちの秘めた恋　―メンデルスゾーン、アンデルセンとその時代
中野京子　残酷な王と悲しみの王妃
中野京子　はじめてのルーヴル
長野まゆみ　上海少年
長野まゆみ　鳩《はと》の栖《すみか》
長野まゆみ　若葉のころ
中原中也　汚れつちまつた悲しみに……　―中原中也詩集
中場利一　シックスポケッツ・チルドレン
中場利一　岸和田少年愚連隊
中場利一　岸和田少年愚連隊　血煙り純情篇
中場利一　岸和田少年愚連隊　望郷篇
中場利一　岸和田のカオルちゃん
中場利一　岸和田少年愚連隊　外伝
中場利一　岸和田少年愚連隊　完結篇
中場利一　その後の岸和田少年愚連隊　純情ぴかれすく
中部銀次郎　もっと深く、もっと楽しく。

中村安希　インパラの朝　ユーラシア・アフリカ大陸684日
中村安希　食べる。
中村安希　愛と憎しみの豚
中村うさぎ　美人とは何か？　美意識過剰スパイラル
中村うさぎ　「イタい女」の作られ方　自意識過剰の姥皮地獄
中村勘九郎　勘九郎とはずがたり
中村勘九郎　勘九郎ひとりがたり
中村勘九郎他　中村屋三代記
中村勘九郎　勘九郎日記「か」の字
中村計　佐賀北の夏
中村計　勝ち過ぎた監督　駒大苫小牧　幻の三連覇
中村航　夏休み
中村航　さよなら、手をつなごう
中村修二　怒りのブレイクスルー
中村文則　何もかも憂鬱な夜に
中村文則　教団X

中山可穂　猫背の王子
中山可穂　天使の骨
中山可穂　サグラダ・ファミリア〔聖家族〕
中山可穂　深爪
中山七里　アポロンの嘲笑
中山美穂　なぜならやさしいまちがあったから
中山康樹　ジャズメンとの約束
ナツイチ製作委員会編　あの日、君とBoys
ナツイチ製作委員会編　あの日、君とGirls
ナツイチ製作委員会編　いつか、君へBoys
ナツイチ製作委員会編　いつか、君へGirls
夏樹静子　蒼ざめた告発
夏樹静子　第三の女
夏目漱石　坊っちゃん
夏目漱石　三四郎
夏目漱石　こころ

集英社文庫

天草《あまくさ》エアラインの奇跡《きせき》。

2019年4月25日　第1刷　　定価はカバーに表示してあります。

著　者　鳥海高太朗《とりうみこうたろう》
発行者　徳永　真
発行所　株式会社　集英社
東京都千代田区一ツ橋2-5-10　〒101-8050
電話　【編集部】03-3230-6095
【読者係】03-3230-6080
【販売部】03-3230-6393（書店専用）
印　刷　図書印刷株式会社
製　本　図書印刷株式会社

フォーマットデザイン　アリヤマデザインストア　　マークデザイン　居山浩二

ISBN978-4-08-745868-8 C0195